言传身教

刘 博　白雪冰 ◎ 编著

北京大学心理学专业毕业
高级家庭教育指导师

上册 | 父母语言篇

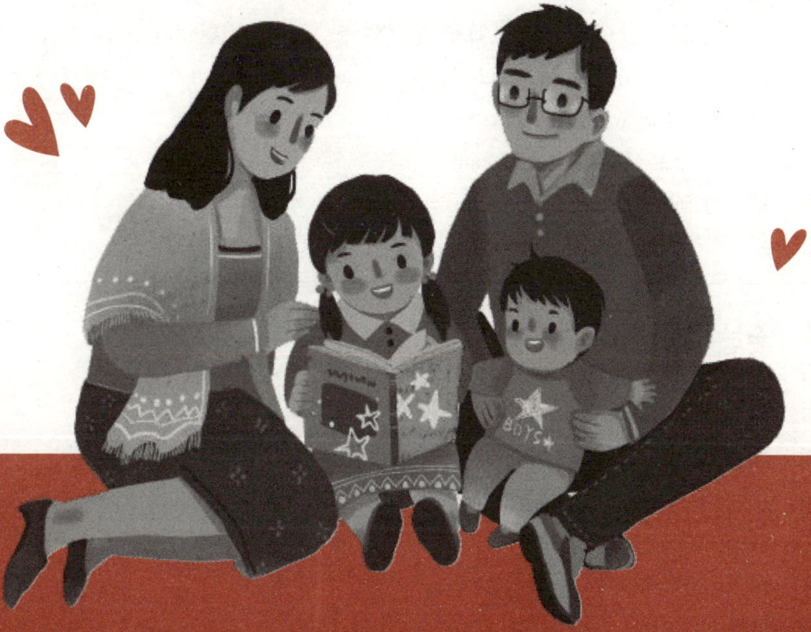

团结出版社

图书在版编目（CIP）数据

言传身教 . 上册，父母语言篇 / 刘博，白雪冰编著 . -- 北京：团结出版社，2024. 12. -- ISBN 978-7-5234-1480-4

Ⅰ . G782

中国国家版本馆 CIP 数据核字第 2024X9B150 号

出　　版：	团结出版社
	（北京市东城区东皇城根南街84号　邮编：100006）
电　　话：	（010）65228880　65244790
网　　址：	http://www.tjpress.com
E-mail：	zb65244790@vip.163.com
经　　销：	全国新华书店
印　　装：	三河市龙大印装有限公司

开　　本：145mm×210mm　　32开
印　　张：7.5
字　　数：130千字
版　　次：2024年12月第1版
印　　次：2024年12月第1次印刷

书　　号：ISBN 978-7-5234-1480-4
定　　价：59.80元（全2册）
（版权所属，盗版必究）

前　言

近年来，中国社会普遍感受到一种前所未有的高焦虑状态，这种高焦虑有社会原因（离异和留守），有教育体制原因，也有家庭教育方法的原因，高焦虑层层传导，孩子通常是最后的承接者。

我们来看下面两组数据。

一、CCTV13在2022年7月17日《如何帮孩子远离"看不见的疾病"》节目中公布的一组数据。

我国中小学心理健康普查中：

小学阶段抑郁检出率为10%左右，其中重度抑郁检出率为1.9%～3.3%。

初中阶段抑郁检出率为30%左右，其中重度抑郁检出率为7.6%～8.6%。

高中阶段抑郁检出率为40%左右，其中重度抑郁检出率为10.9%～12.6%。

二、同济大学医学博士、同济大学附属精神卫生中心副主任医师陈发展在其出版的图书《为什么家庭会生病》公布的一组数据。

在以班级为单位进行的全国抽样调查中，我国青少年中以割伤（划胳膊）、咬伤等为代表的几十种常见自残行为（专业术语叫"非自杀性自伤"）的比例：

一个班级最少的有14%在自残，最高的有56%在自残。其他机构的统计数据比这还要高，因为没有对外正式发表，这里略过。

我们近些年来接受的个案咨询大都是重症：辍学、休学的；重度抑郁的；频繁自残的；高自杀倾向或者曾经自杀的。

这些数据是不是触目惊心？

我们的孩子们何其可怜！

开头所列的种种导致孩子出问题的因素中，我们无法改变社会背景和教育体制因素，但是作为父母，可以学习心理学常识，改变教育方法。正如我们开办多年的父母课堂，在课堂教室中挂的横幅所写的那样："做成长型父母，培养有内驱力的孩子"。

青少年阶段孩子出现的种种严重问题，根源几乎都可以追溯到更早的阶段，如幼儿和儿童早期。所有问题的根源中，情绪问题排第一位，各种负面情绪，如委屈、伤心、悲伤、烦躁、愤怒等不断累积，才造成这样那样的结果。通常情况下，最初的"委屈"逐渐累积，变成"愤怒"，"愤怒"没有合理渠道释放后会被压抑到潜意识深处，孩子会变得越来越压抑、沉闷，走向抑郁，大部分青少年的抑郁情绪还同时伴随着暴躁。心理问题通常还伴随着各种躯体化症状，如头疼、头晕、胸闷、后背和小腹部的紧绷感等。这些毛病，到医院做各种检查，却查不出生理性病变。

避免孩子经常出现负面情绪，如何沟通尤为重要。怎样说孩子才会听？这是让大部分家长头疼的问题。

与低年龄孩子沟通有两个基本原则：

第一，给孩子无条件的爱。这意味着我爱你，仅仅是因为你是我的孩子，而不是因为你考出了高分，钢琴弹得好等，那些是需要采取激发内驱力的方法去培养的。

天地轮转，岁月更替，得是多大的机缘才让我们成为父母子女一场？父母要深刻地认识到，在当今这个高焦虑的社会中，我们给孩子提的大部分要求都是过分的，是不符合儿童身心发展规律的，是逼着孩子日后走向自残的。父母要尽最大可能去给孩子一个尽情玩耍的童年，即使做不到尽情玩耍，也要尽最大可能让孩子去多玩，多参加户外运动，而不是整日淹没在作业和各种兴趣班中，泯灭了孩子的天性，抹杀了童心和创造力，这些恰恰是一个孩子最高贵的东西。英国的一项长期跟踪研究表明，童年没玩够的孩子，成年后会出现种种问题，这里不细讲。

当我们有了这种心态以后，即使你不会任何方法，再去和孩子沟通时，就会无形中减少发脾气的次数，就会逐渐地走向心平气和。再深层次，会带着一种自我觉察去观察孩子、观察自己，这是父母走向自我成长的第一步。在自我觉察中，如果通过一定方法的练习走向内观，是更高级的自我成长，这里不赘述。

第二，温和而坚定。心理学大师温尼科特说："心甘情愿地说好，温和而坚定（kind and firm）说不，这是维护人与人之间关系最好的方式。""温和而坚定"被众多心理学家和教育学家所采纳和应用。

"温和"并不是没有底线的妥协和讨好，而是尊重孩子的独立人格，每一个孩子都是一个独立的人，是秉承天地之气来到这个人世间，他们只不过是借由父母的身体来到此，父母之爱，大方向是指向分离，是在孩子幼小的时候，我们尽一切所能，让他羽翼丰满，以便将来自己有能力面对坎坷的人生路。正如龙应台所说：所谓父母子女一场，只不过意味着，你和他的缘分就是今生今世不断地在目送着他的背影渐行渐远，你站在小路的这一端，看着他逐渐消失在小路转弯的地方，他用背影默默地告诉你，不必追。

"坚定"代表父母的原则和底线，即：我可以接纳你的一切情绪，但是绝不接纳你逾越底线的行为。

科胡特说，我们对孩子要"不带敌意的坚决，不带诱惑的深情"，这和"温和而坚定"有异曲同工之妙。

以上是家长与孩子沟通的两个基本的大原则，具体技巧可阅读本书内容进行学习。

目 录

第一章　好习惯金句

01　起床难　/ 006
02　不吃早餐　/ 008
03　出门总要磨蹭　/ 010
04　总是忘带东西　/ 012
05　乱扔乱放　/ 014
06　书桌脏乱　/ 016
07　不爱惜自己的物品　/ 018
08　喜欢玩橡皮等文具　/ 020
09　习惯性拖延　/ 022
10　晚上不睡　/ 024

第二章　好身体金句

01　刷牙不认真　/ 028
02　不爱洗手　/ 030
03　挑　食　/ 032
04　饭前吃零食　/ 034
05　不好好走路　/ 036
06　写作业弯腰驼背　/ 038
07　看书离得太近　/ 040
08　长时间看电视　/ 042
09　不爱运动　/ 044
10　不注意个人卫生　/ 046

第三章　好学习金句

01 抱怨作业多、作业难 / 050

02 写作业马虎应付，不在乎对错 / 052

03 写作业注意力不集中 / 054

04 难题懒得思考 / 056

05 简单题目一错再错 / 058

06 逃避预习、复习 / 060

07 不喜欢阅读 / 062

08 不能合理安排学习时间 / 064

09 不遵守课堂纪律 / 066

10 抄袭作业/考试作弊 / 068

第四章　好性格金句

01 一有不满就发脾气 / 072

02 什么建议都听不进去 / 074

03 习惯性撒谎 / 076

04 无休止地买玩具 / 078

05 偷拿家里的钱 / 080

06 满口脏话 / 082

07 不知感恩父母的付出 / 084

08 懒散，家务啥都不想干 / 086

09 胆小，不敢接受挑战 / 088

10 不愿意分享，比较"独" / 090

第五章　好沟通金句

01 为了讨好"朋友",总委屈自己　/ 094
02 总以自我为中心,要别人听他的　/ 096
03 和朋友闹别扭了,只会生闷气　/ 098
04 被同学欺负了,不会反抗　/ 100
05 对别人的批评太过敏感　/ 102
06 不敢在众人面前表现自己　/ 104
07 好胜心太强,接受不了失败　/ 106
08 常把"我不行"挂在嘴边　/ 108
09 遇到困难时,不会求助,只会发脾气　/ 110
10 不会耐心倾听别人说话　/ 112

第一章

好习惯金句

01　起床难

02　不吃早餐

03　出门总要磨蹭

04　总是忘带东西

05　乱扔乱放

06　书桌脏乱

07　不爱惜自己的物品

08　喜欢玩橡皮等文具

09　习惯性拖延

10　晚上不睡

孩子的好习惯需要一点点地慢慢培养和稳固下来，这个过程是充满挑战的，父母不但要学习指导孩子的方法，更重要的是要有耐心，要"温和而坚定"地执行。

"温和"是态度。代表了父母对孩子无条件的爱，即：我不会因为你学习好或者做了什么事情才爱你，而仅仅是因为你是我的孩子，我就爱你。

"坚定"是原则。且"坚定"是一定要长期执行的，要帮助孩子形成好习惯，当孩子做了一些突破底线的事情时，父母要"坚定"去阻止，让好的习惯慢慢地固化下来。

毅力有时就是习惯性地做一件事。在一个好习惯建立之初，父母的指导和陪伴尤为重要，父母的内心有原则、有方法、有耐心，孩子才会长成内心有原则和自控力的人。这才是真正的言传身教。

场景 01　起床难

每天早上的时间都很紧张,让孩子准时起床,成了一场"拉锯战。"

错误语言

- ❌ 快点起床,再不起要迟到了!
- ❌ 叫你好几遍了,怎么还不起床?
- ❌ 再不起床,我要掀被子了!
- ❌ 我数到三,马上起床!
- ❌ 再叫你最后一次,迟到了自己跟老师解释去……

原因剖析

1. 孩子夜里睡得太晚,导致睡眠不足。
2. 没有养成早睡早起的习惯,起床变成了父母的事。
3. 父母没有关注孩子的感受,不问缘由,只在乎结果。
4. 父母使用命令式语言,没有尊重孩子,伤了孩子的自尊,忽略了孩子独立自主的需要。

正确示范

- ✅ 我们昨天睡得太晚了，今天我们写完作业早点上床睡觉，明天就能顺利起床了。
- ✅ 你是想听一首你喜欢的歌起床，还是希望妈妈拥抱一下后再起床？
- ✅ 可口的早餐在等着你哟，一会儿凉了就不好吃了。
- ✅ 距离上学还有 20 分钟，要完成穿衣服、洗脸刷牙、吃饭这几件事哟，你自己决定什么时候起床。（适合小学高年级的孩子）
- ✅ 你的好朋友们都在教室里等着你呢，他们可都期待你早点去呢……

沟通原理

1. 共情、理解、尊重。
2. 感受好，孩子才会做得好。给孩子几个选择（无论选择哪个，双方都能接受），让孩子做主，培养孩子的独立性和自主性。
3. 带给孩子美好的感受，让孩子对一天有所期待。
4. 提前告知要做的事，让孩子有安全感，培养孩子对事物的掌控感。

场景 02　不吃早餐

每天早上,准备好的早餐摆上桌,但孩子总是提不起兴趣,拒绝吃早餐。

错误语言

❌ 你怎么又不吃早餐,是不是想生病?
❌ 告诉你多少次了,早餐很重要,你怎么就不听?
❌ 不吃早餐,你今天的活动全部取消!
❌ 你看看别人家的孩子,哪个像你这样不吃早餐的!

原因剖析

1. 孩子起床和吃饭时间距离太近,缺乏适当的活动,没有胃口。
2. 吃饭本来是人的动物本能,饿了就吃,父母越是人为干涉(包括过度喂饭),越是破坏这种本能,使孩子失去自我调节机制。
3. 威胁和责备产生紧张氛围,让孩子的大脑和身体都处于应激状态,更没有食欲。

> **正确示范**

- ✓ 早餐是一天中最重要的一餐，我们一起吃吧，让身体充满能量。
- ✓ 你是不是不太喜欢今天的早餐？我们可以一起想想明天早上吃什么。
- ✓ 我看到你这几天早饭都吃得很少，是哪里不舒服吗？还是学校里发生了什么事？
- ✓ 吃早餐可以帮助你补充身体的能量，在学校里充满力量哦。
- ✓ 你不饿可以不吃或者少吃点，但是在下一餐之前不能吃其他的零食哦，我们要一直坚持到吃下一顿饭的时间。

> **沟通原理**

1. 温和引导，关注孩子的情绪，创造一个温暖轻松的吃饭环境。
2. 了解孩子的喜好，共同参与早餐的选择和准备。
3. 跟孩子一起探讨吃早餐的好处和坏处，让孩子理解其重要性。
4. 尊重孩子的选择，同时提供健康的选择建议。
5. 尊重吃饭是"动物本能"的一种，通过种种方法，使之逐渐回归本能，这是解决孩子吃饭问题的根本。

场景 03　出门总要磨蹭

每天早上出门，妈妈急得一直看时间，孩子却慢悠悠穿衣服、穿鞋……告诉他必须得赶紧出门，不然要迟到了，他好像听不到。

错误语言

- ✗ 你能不能快一点，总是这么磨磨蹭蹭的！
- ✗ 5分钟之内必须出门，你听到我说的了吗？我们要迟到了！
- ✗ 我数到3，你立刻给我穿好鞋子过来！
- ✗ 告诉过你多少次了，早点做准备，你怎么就不听？

原因剖析

1. 孩子没有建立起正确的时间意识，他不明白5分钟到底是多长，能干多少事。
2. 孩子对即将进行的活动，比如上学、运动，内心抵触，不想干。
3. 父母的催促和责备让孩子感到压力和焦虑，反而影响孩子的行动效率。
4. 孩子还沉浸在之前的游戏中，却突然被父母硬拉着出门，他的注意力还没转过来。

正确示范

- 我们来比赛穿袜子,看谁穿得快,一二三,开始!
- 如果我们能 7 点 10 分出门,可以在楼下的小广场玩会儿滑梯再走哦。
- 我发现你今天穿衣服比昨天快了一些,真棒!
- 你要把玩具车停到停车场,穿好鞋,我们要出门了!
- 如果迟到了,你这个月就拿不到"标兵"了;你需要自己和老师解释……(根据具体事情承担相应后果)

沟通原理

1. 运用游戏式教养方式,孩子喜欢比赛、游戏,用这些方式能更好地激励孩子。
2. 通过制定孩子乐于参加的例行日程,帮助孩子建立起时间管理习惯。
3. 对孩子的细微变化及时给予鼓励,使用描述式的鼓励语言,明确指出孩子的进步。强化正面的积极的感受。
4. 尊重孩子的感受,认可他的节奏,在这个前提下,引导其提高效率。
5. 逐渐让孩子去承担磨蹭的后果,根据不同的年龄段,承担适当的相匹配的后果。

场景 04　总是忘带东西

今天忘戴红领巾,明天忘带水杯,后天又忘带作业本。每天反复叮嘱一定要带齐东西,孩子还是丢三落四。

错误语言

❌ 跟你说过多少次了,出门前要检查一遍该带的东西,你怎么就是记不住?

❌ 你怎么又忘带东西了,昨天水杯,今天红领巾,哪天把你自己丢了吧!

❌ 干什么都丢三落四,将来你能干成啥啊?

❌ 你看看,又得让我跑一趟,你就不能长点记性吗!

原因剖析

1. 孩子已经努力去记了,可还是有遗漏,他也很无奈。
2. 父母一直说出门前要检查,却没说该怎么检查,检查什么,孩子也没概念。
3. 出门前,父母越催,孩子越是焦虑和紧张,越是容易忘东西。
4. 孩子没体会到忘带东西的后果。

> **正确示范**

- ✓ 今天出门我们需要带这些东西,你去准备一下。(适用于低年龄段孩子)
- ✓ 一会儿我们要出门,你准备带哪几样东西呢?
- ✓ 我们来检查一下,书包、水杯都带好了,再想想是不是还有忘带的呢?
- ✓ 今天忘了带水杯和纸巾,的确很不方便。你想想,有什么办法可以提醒你下次出门时带上它们呢?
- ✓ 今天是什么特殊的日子吗?一周一度的"忘忘日"?

> **沟通原理**

1. 对于低年龄段的孩子,在要求孩子做什么前,先告诉他怎么做。
2. 把孩子的事情还给孩子,启发孩子自己去准备出门要带的东西。
3. 可以表达情绪,而不是带着情绪表达。
4. 指出孩子行为的问题,关注解决问题本身,而不是否定孩子自身。
5. 先关注孩子的情绪,适当地让他承担自然后果的惩罚。

场景 05　乱扔乱放

　　孩子但凡在家，房间就像灾难现场，书包、外套、玩具、果皮扔得到处都是，一片狼藉。

错误语言

✗ 你看看这个家被你造成什么样了，像个垃圾场一样！
✗ 我每天跟个老妈子似的，在你后面收拾，你就不能自己收拾一下吗？
✗ 你再这样乱扔，我把你的东西都扔楼下垃圾桶去！

原因剖析

1. 父母没有做好榜样，生活中也乱扔乱放。孩子没有意识到乱扔乱放的后果，或者不觉得这是个问题。
2. 家长事事代办，孩子理所当然地觉得整理是家长的事儿。
3. 孩子有心整理，可不知道如何下手。
4. 从小没有养成整理的习惯，父母没有给孩子划分明确的责任区。

> **正确示范**

✓ 我们一起为玩具找一个"家"吧,每次玩完后,就可以让它们"回家"休息了。

✓ 沙发这一块没有任何杂物,看着好舒服!我们一起把其他位置也收拾一下吧!

✓ 我们现在需要把绘本、玩具、零食都放回原位,你想先放哪一些呢?

✓ 你希望自己放回去,还是希望妈妈陪你一起放?

✓ 我看到你把看完的绘本都放在了书架上,吃完的零食包装都扔进了垃圾筒。好样的!

> **沟通原理**

1. 好孩子是夸出来的,多给予孩子鼓励和肯定,增加孩子的自信心。
2. 跟孩子探讨整理物品的好坏和坏处。告诉孩子做什么之前,记得告诉他为什么这么做。
3. 提供有限的选择,让孩子自己做决定,增加他的掌控感和自主感。
4. 看到孩子的细微进步就说出来。但父母不要经常表达期望,那会给孩子造成压力,他会因为达不到父母的期望而放弃努力。
5. 用孩子的思维与孩子沟通。

场景 06　书桌脏乱

孩子的书桌上总是堆满各种杂物,如书、纸、笔、橡皮、吃剩的零食等,每次得在杂物堆里,刨出一个小角落来写作业。

错误语言

❌ 书桌这么乱,你还能专心学习吗?
❌ 你就不能花点时间整理一下吗?看得我脑袋疼!
❌ 告诉你多少次了,用完的东西要放回原位,你怎么就是不听?

原因剖析

1. 父母越是唠叨,孩子越是抵触。
2. 孩子并不觉得书桌乱有什么不好的影响。
3. 父母没有教孩子怎么去整理,孩子不知道哪些是可以保留的,哪些是可以清理掉的。
4. 孩子觉得整理书桌是一件麻烦的事情,不愿意花时间去整理。

正确示范

- ✓ 我看到你刚才找铅笔时翻遍了桌面上所有的东西，看来桌面太乱了确实不方便，你可以邀请妈妈帮你一起整理一下，我很乐意帮你。
- ✓ 看起来你的桌子需要一些功能不一样的收纳箱，这个周末我们一起去采购一下，你来做主。
- ✓ 那么漂亮的本子埋在废纸堆里，好可惜啊！咱们把这些没用的东西扔掉吧。
- ✓ 每次写作业之前，你可以先花 5 分钟整理一下书桌，写起作业来会感觉更好的。
- ✓ 桌面整理完了，你感觉怎么样？

沟通原理

1. 对年龄小的孩子，父母可以先做收纳整理的指导和示范，再去引导孩子一起做。
2. 给予孩子足够的尊重和参与感。
3. 积极强化孩子好的做法，激发其内驱力。
4. 使用疑问和否定的语言，会打击孩子的自信心，导致孩子出现逆反心理。

场景 07　不爱惜自己的物品

孩子一把扯掉了新买的娃娃的头,把它扔到地上。

错误语言

✗ 你看看,这么贵的玩具,就被你这么糟蹋了!
✗ 你这么不爱惜,以后别想再买新玩具了!
✗ 你怎么一点都不知道爱惜东西呢!真是的!

原因剖析

1. 孩子只是好奇心强,想探索。
2. 孩子的要求经常得到即时满足,容易导致孩子不珍惜已经拥有的物品,要学会延迟满足。
3. 家长没有告诉孩子物品的价值,也没有教孩子如何正确使用和爱护物品。

正确示范

- 你把娃娃的胳膊弄掉了，娃娃一定很疼。她也想要你能好好呵护她。你想怎么安慰她呢？
- 这本旧书的封面破了，我们把它粘好，捐给福利院的图书馆吧，那里的孩子看到这么有趣的书，一定很开心。
- 你一定很好奇玩具里面有什么，所以才把它拆开来看。如果拆了之后，能组装回去，那可就太厉害了！
- 我发现你今天画画后清洗了画笔，这样画笔可以多用几次，画笔一定也很开心，原来你这么爱护它们啊。

沟通原理

1. 换位思考，培养孩子的同理心。
2. 讲一千遍关于珍惜的大道理，不如让孩子真实体验一下旧物品的价值。
3. 保护孩子的好奇心和求知欲，耐心倾听孩子的心声，站在孩子的角度，理解孩子的想法。
4. 正面的反馈和鼓励更受孩子喜欢。

场景 08　喜欢玩橡皮等文具

写作业的时候，经常是半个小时过去了，孩子还是一个字没写，不是捏橡皮，就是玩尺子。

错误语言

❌ 别玩了，赶紧写作业！
❌ 这些东西是用来学习的，不是让你拿来玩的，你到底懂不懂？
❌ 你要是再玩，我就把你所有的文具没收！
❌ 让你写作业，不是捏橡皮就是玩尺子，什么时候能写完作业啊！

原因剖析

1. 孩子上了一天课，回家还没来得及放松，就被家长逼着写作业。
2. 文具设计有趣，色彩鲜艳或形状独特，激发了孩子探索的兴趣。
3. 作业太多了，孩子没有能力长时间面对。他想要通过玩文具，放松一下大脑。
4. 心理临床表明，心理压力大、高焦虑的孩子经常会用玩橡皮、咬铅笔、咬手指等方式来缓解压力。

> **正确示范**

✓ 你是想先玩五分钟橡皮再写作业,还是想先写完作业再玩五分钟橡皮?你来决定!

✓ 这块橡皮看起来很好玩,我都想玩了。不过,现在是写作业时间,我们先请橡皮先生到铅笔盒里睡一觉,等你写完作业我们再一起找它玩!

✓ 我看到你刚才一直很专注地写数学作业,写完了才开始玩橡皮,你是怎么做到这么专注的呢?

✓ 老师说你在课堂上并没有玩橡皮,只在家里写作业时玩。为什么会这样呢?我想听听你的想法。

✓ 妈妈看到你最近压力有些大,咱们可以先放松地玩一会,再去写作业,好吗?

> **沟通原理**

1. 尊重孩子的生理发展特点,将大任务划分成小任务,确保在孩子的能力范围内完成。
2. 认可孩子的需求,教会孩子劳逸结合。
3. 以温和而坚定的口吻要求孩子遵守规则。
4. 使用具体的语言鼓励孩子积极正面的行为模式。
5. 如果因为压力大而出现玩橡皮、咬手指等现象,通常是下意识的行为,过度提醒只会起反作用,这时父母要帮助孩子找到压力源,或者带孩子去专业机构做评估。

场景 09　习惯性拖延

周日晚上9点，孩子急匆匆地赶作业，嘴里念叨："怎么这么多作业，根本写不完！"

错误语言

- ✗ 现在知道着急了，早干吗去了！
- ✗ 周末两天提醒你多少次了，早点写作业，早点写作业，就是不听！现在知道着急了！
- ✗ 你看人家早早就完成了作业，还有时间做预习、复习，你呢？
- ✗ 每次都这样拖到最后一刻才着急，你能不能长点心？

原因剖析

1. 孩子缺乏有效的时间管理技巧，家长没有教过他如何合理规划时间。
2. 拖延是逃避压力的一种方式，孩子害怕失败或有完美主义倾向，才不敢轻易开始。
3. 目标设定不切实际，任务繁重且无从下手，导致孩子动力不足。
4. 外界诱惑过多，如电子设备、游戏等，分散了孩子的注意力。

> **正确示范**

- ✓ 还有多少作业？我们来算一下还需要多长时间能完成。我能帮你做什么吗？
- ✓ 我看你现在很着急、烦躁，你希望我做些什么能让你心情好一些？给你准备些水果，还是坐在旁边陪着你？
- ✓ 我们制定一个小计划吧。下周的作业，我们分成三个时间段来完成：周五晚上 7 点，周六上午 9 点、晚上 7 点，每个时间段完成三分之一，这样每次不会太累，也不影响你出去玩。
- ✓ 下次的作业，你觉得很多、很难，不想做的时候，可以先从最简单的部分开始。有时候一旦开始了，你就会发现并没有想象中的那么难。

> **沟通原理**

1. 和孩子站在同一阵营。
2. 看到孩子的困难，并帮孩子拆解困难。
3. 给孩子方法，而不是给孩子压力。比如：教会孩子"番茄钟"管理时间的方法。
4. 不论是周末短休还是寒暑假的长假期，培养孩子在前一半或者三分之二时间完成作业的好习惯，这样后面时间就可以比较从容地去娱乐、运动、看课外书等。

场景 10　晚上不睡

晚上睡觉时间到了,孩子磨蹭着就是不上床,要么玩玩具,要么看漫画,对父母反复提醒的"该睡觉了"充耳不闻。

错误语言

✗ 你再不睡觉,大灰狼会来找你的!
✗ 赶紧睡觉了,明天还要早起上学呢!
✗ 都这么晚了还玩,把那些东西收起来,立刻睡觉,没得商量!
✗ 你到底睡不睡?你不睡我们睡了,不管你了!

原因剖析

1. 孩子正处于充满好奇与探索欲的黄金时期,对外部世界的热情让他不想睡觉。
2. 孩子的时间观念模糊,还不明白"到点睡觉"的重要性和紧迫感。
3. 孩子的大脑处于高度兴奋状态,没有办法立刻睡觉。
4. 孩子白天没玩够,或者运动量小,致使晚上精力依旧旺盛。

正确示范

- 现在是讲故事时间了！我们今天的故事时间要讲的是《勇敢的小兔子》，它总是准时睡觉，所以每天都充满能量去探险。
- 来，我们一起躺在床上，做几组深呼吸。每次呼气时想象自己越来越轻松，就像软绵绵的云朵，在空中飘啊飘。
- 当当当，现在是晚上 10 点，是什么时间了？对了，是睡觉时间。
- 把玩具收起来，躺在床上，盖好被子，闭上眼睛。

沟通原理

1. 睡前仪式有助于孩子养成好习惯。
2. 用孩子感兴趣的事物或故事作为切入点，巧妙引入睡眠的话题，能激发孩子主动想要睡觉的愿望。
3. 理解孩子并不想惹父母生气，他的任何行为背后一定有正面的生理或心理诉求。
4. 给予尊重。使用正面语言，眼睛平视孩子，明确告知孩子要干什么。避免遥控指挥。

第二章

好身体金句

01　刷牙不认真
02　不爱洗手
03　挑　食
04　饭前吃零食
05　不好好走路
06　写作业弯腰驼背
07　看书离得太近
08　长时间看电视
09　不爱运动
10　不注意个人卫生

每一个家长都希望孩子吃得好、穿得好，拥有一个健康的好身体。但在现实中，太多的孩子挑食、吃零食、不运动、写字弯腰驼背……对此，家长既心疼，又担心，本想去关心，说出口的却大都是责备和训斥的话。本意是希望孩子改正，可往往事与愿违。怎么会这样呢？

因为家长忽略了重要的一点，长期坚持做一件事主要由内驱力决定，对于儿童，内驱力主要由情绪决定。而家长的唠叨和训斥让孩子感受到的是各种负面情绪，如愧疚、难过、失望、愤怒……孩子体会的不是来自父母的爱。要知道，感受好，才会做得好！只有让孩子感受到正面情绪，体会到家长无条件的爱，孩子才会觉得自己值得被爱，自己是有价值的，才会好好地去爱护自己的身体。

场景 01　刷牙不认真

每次刷牙，孩子只在嘴里随便划拉几下，说了多少次"认真刷牙"，就是不听。

错误语言

❌ 告诉你多少次了，要认真刷牙，不然会蛀牙的！
❌ 你这样刷牙有什么用，还不如不刷！
❌ 不好好刷牙会长蛀牙，你忘了你上次看牙时哇哇哭吗？
❌ 刷牙，要刷够3分钟，你这才刷了几下啊！
❌ 刷牙是给你自己刷，不是给我刷！你就糊弄自己吧！

原因剖析

1. 孩子觉得刷牙很无聊、无趣。
2. 孩子对刷牙和蛀牙的关系、蛀牙的危害没有清楚的认知。
3. 孩子对3分钟没有概念，不知道3分钟有多长，家长也随口一说，他口中的刷牙时间难以得到孩子的认可和信服。

正确示范

- 我们来比赛刷牙吧，看谁刷得最干净，牙齿最亮。
- 你还记得绘本里讲的牙牙小怪兽吗？我们一起来消灭它们吧！先消灭左边的，再消灭右边的……
- 看这个可爱的沙漏，它漏完了正好是 3 分钟，我们数一二三，倒计时开始。
- 每次你看牙医，都很紧张恐惧，妈妈很心疼你，我希望你的牙齿很健康。你想怎么保护你的牙齿呢？别忘了，你才是它的主人！

沟通原理

1. 游戏是孩子成长过程中必不可少的，孩子在游戏中学会交际，缓解压力，增强自信心。跟孩子说不清的道理，陪他一玩就懂了。
2. 不要想当然地觉得孩子"应该""知道""可以"做到。
3. 把爱说出来。说出你的担心，让孩子感受到"爱"，而不是指责他的无能。

场景 02　不爱洗手

孩子每次从外面回来,直接拿东西就吃,说了无数次吃东西前先洗手,他就是不长记性。

错误语言

❌ 你怎么又不洗手,脏死了!
❌ 跟你说过多少遍了,吃东西前必须洗手,你怎么就是记不住?
❌ 下次不洗手就吃东西,让你肚子疼,你就长记性了!

原因剖析

1. 孩子觉得没摸脏东西,手很干净,不知道为什么要洗手。
2. 孩子肚子饿得咕咕叫,想立刻吃点东西。
3. 父母没有关注孩子的感受,不问原因,孩子容易产生逆反心理。就一个小问题一直唠叨,越是唠叨,孩子越不想干。

正确示范

- ✓ 宝贝,你知道吗?我们的手虽然看着很干净,可上面是有很多看不见的小细菌的,它们会让我们生病哦。我们去洗个手,把它们赶跑吧!
- ✓ 还记得上次我们读的绘本吗?有个小朋友就是因为吃东西前没洗手,最后细菌小怪兽进了他的肚子,害得他肚子疼。你可不想那样,对吧?来,我们去洗手吧。
- ✓ 我们一起边洗手边唱洗手歌,好不好?来,一二三,开始!"搓搓小手背,转转手指头,好多大泡泡,细菌说拜拜!"
- ✓ 宝贝,你做咱们家的"卫生大使",好不好?谁讲卫生就给谁一个小贴画。

沟通原理

1. 用孩子能理解的语言与孩子沟通,孩子听得懂,才能听得进去。
2. 用孩子熟悉的绘本、动画片做实例,孩子会更容易接受。
3. 让孩子在游戏中养成好习惯。
4. 唤醒孩子的责任感和使命感,让孩子做监督员,而不是总被监督的角色。

场景 03　挑 食

孩子每次吃饭就只吃肉，蔬菜类的食物一口都不吃。威逼利诱都不好使。

错误语言

- ✗ 你这孩子怎么这么挑食，蔬菜是很有营养的！
- ✗ 你看看你，只吃肉，难怪长得这么胖！
- ✗ 你看看隔壁小明，人家就什么都吃！
- ✗ 我辛辛苦苦特意给你做的，你就吃那么两口！明天我就不用做饭了！

原因剖析

1. 父母有不喜欢吃的东西就坚决不吃，孩子有样学样。
2. 孩子觉得某种蔬菜口感不好，或者味道不喜欢，就认定所有蔬菜都不好吃。
3. 孩子对某种蔬菜的味道有不好的体验，就不愿意再尝试。

正确示范

- 宝宝,这个胡萝卜是你切的,它好像小白兔的耳朵哦,一定好看又好吃,快来尝一尝!
- 你知道这是什么蔬菜吗?它叫"大力菠菜",吃了它,会变得力大无穷哦。
- 今天妈妈研究了一个新菜式,你尝一尝,猜一猜里面都放了什么?一共5样,看你能猜中几样?
- 我看到你只吃了几口青菜,有苦味吗?
- 这是秋葵,虽然有点黏糊糊,但配上鸡蛋,可好吃啦,美味又营养,你尝尝?

沟通原理

1. 威胁和强迫是不可取的。训斥会让孩子出现愤怒、自责、委屈等负面情绪,会更加降低食欲。
2. 为孩子创造关于食物的美好回忆,减少孩子的心理障碍。
3. 用游戏和故事的方式引导孩子,让孩子在乐趣中接受新事物。
4. 关注感受,强化正面感受。当孩子偶尔吃几口蔬菜时,鼓励孩子说出感受,孩子就会越来越多地关注其好的一面。

场景 04 饭前吃零食

孩子总是在饭前不停地吃零食,到了正餐时间却说不饿,不愿意好好吃饭。每次事前提醒,事后警告,都改不了。

错误语言

- ✘ 你吃了零食,该吃饭的时候不吃饭,一会又要饿了!这样下去,身体会毁了的!
- ✘ 跟你说过多少次了,饭前不要吃零食,你怎么就是不听?
- ✘ 你这样,以后再也不给你买零食了,我看你还吃不吃饭!
- ✘ 我真是白白做了这一桌子菜,拿去喂狗,狗都比你吃得多!
- ✘ 你就吃吧,以后我也不用做饭了。饿了就吃零食!
- ✘ 吃吃吃,早晚吃死你!

原因剖析

1. 孩子很饿,等不及饭端上桌,就先吃了零食。
2. 零食的味道好,比正餐更有吸引力。
3. 今天的饭菜不是他爱吃的。

> **正确示范**

- ✓ 如果我们把肚子比作一个小房子，饭前吃零食就像是在小房子里放了太多玩具，等饭菜来了就没地方放了，好可惜啊。
- ✓ 宝贝，妈妈需要你帮忙一起准备晚餐，这样饭菜会做得又快又美味。
- ✓ 看来你需要一个零食时间表，每天在固定时间可以大大方方地吃零食，我们一起制定一下吧。
- ✓ 你可以等饭后一小时再吃零食，正餐之后来点小甜点，感觉更美好，你试试看。
- ✓ 你每个月买零食的零花钱是 20 元，提前吃光了，后面就没得吃了。

> **沟通原理**

1. 用简单、形象的语言与孩子沟通，孩子更容易听进去话。
2. 孩子自控力弱，与其期待他能对抗诱惑，不如引导他远离诱惑。
3. 和孩子一起制定规则，让他们参与决策，这样他们更愿意遵守规则。包括制定合理的零花钱制度，每个月月初给孩子固定的零花钱，其中包含本月买零食的钱。不同年龄段设定不同的金额。

场景 05 不好好走路

每次走在路上，孩子不是蹦蹦跳跳，就是东张西望，完全不注意周围的环境。

错误语言

❌ 你能不能好好走路，别总是蹦蹦跳跳的，这样很容易摔跤的！
❌ 走路就走路，别东张西望，多危险啊！
❌ 你要是再这样，下次就不带你出来了！

原因剖析

1. 孩子正是体力充沛、爱动的年龄，控制不住自己。
2. 孩子对周围的东西都充满好奇，想要四处探索，觉得家长理解不了自己。
3. 孩子对周围的安全隐患缺乏足够的防护意识，觉得家长小题大做。

正确示范

- ✓ 我们一起来玩"走直线"游戏,看谁走的直线最长。
- ✓ 宝贝,你来当领队,负责带领我们安全到达目的地,记住要及时提醒我们防范风险哦。
- ✓ 这里车多人多,妈妈好害怕。你能牵着我的手走吗?

沟通原理

1. 用积极的方式引导孩子,而不是粗暴地禁止或批评。
2. 结合孩子的好奇心和好动特点,设计既有趣又有意义的游戏,引导他们走路时保持专注、防范风险。

场景 06　写作业弯腰驼背

　　孩子每次写作业,都身体弯曲,头几乎要贴到桌子上,提醒他坐直,最多坚持 2 分钟,就又弯下去了。

错误语言

- ✗ 给我坐直了!
- ✗ 跟你说过多少次了,坐直了写字,你怎么就是记不住?
- ✗ 你要是再这样弯腰驼背,以后眼睛得瞎了!背也是弯的。
- ✗ 你以后一直弯腰驼背,像个小老头,大家都不喜欢你!

原因剖析

1. 书桌和椅子的高度不适合孩子,导致坐姿不舒适。
2. 长时间写作业让孩子感到疲劳,不自觉地弯腰驼背。
3. 孩子的脊背力量不够,不自觉地弯腰驼背。
4. 孩子觉得家长危言耸听,故意吓唬自己。

正确示范

- 小帅哥长个子了,看来我们得调整一下书桌和椅子的高度了,要不然坐得东倒西歪,以后可就不帅了。
- 这样挺直腰背 25 分钟,比起上课 40 分钟时间要少十多分钟呢,我相信你一定可以做到。
- 我给你拍了几张照片,你看看自己坐端正和弯腰驼背的时候,哪个更帅呢?
- 我看到你刚才写作业时弯腰低头了,一分钟后就挺直腰背了,你是怎么做到的呢?

沟通原理

1. 先帮孩子解决客观问题,再要求孩子主观改善。
2. 温和提示而非严厉批评,用关怀代替责备,耐心指出问题所在的同时,提供解决方案,避免伤害孩子自尊心。
3. 制定阶梯小目标,让孩子一点点地改善。
4. 没有办法让孩子真的去体验自然后果,那就想办法让他意识到后果的严重性。
5. 及时鼓励,看到即是关注。

场景 07　看书离得太近

孩子喜欢看书是好事，可他每次看书都缩在沙发上，歪着、躺着，书几乎贴在脸上，拿得非常近，很担心他的视力会出问题。

错误语言

✗ 你看书怎么离得那么近，感觉要钻进书里去了，眼睛不要了吗？
✗ 跟你说过多少次了，眼睛离书远一点，你怎么就是不听？
✗ 你要是再这样，早早就得戴眼镜了！

原因剖析

1. 孩子觉得离书近一些看得更清楚。
2. 孩子看到精彩之处，忘了保持距离。
3. 家中的光线不足，导致孩子不自觉地将书靠近眼睛。
4. 孩子觉得家长管得太宽。

正确示范

- ✓ 宝贝,这是一个可以移动的阅读灯,能让光线一直保持明亮,你看书的时候,就不用把书贴在脸上了。
- ✓ 你知道长颈鹿是怎样躲避危险的吗?它能看到很远的地方,周围的风吹草动都躲不过它的眼睛。你也一样,把书放远一点,好处多多。
- ✓ 宝贝,我们来做一个"小侦探"的游戏,看书20分钟之后,就在阳台侦查一下周围,看看有没有小昆虫?
- ✓ 看那么多书,眼睛可是大功臣,你一定得保护好它哦。你猜猜眼睛累了后希望你怎么犒劳它呢?

沟通原理

1. 从根源下手,解决孩子的问题。
2. 通过游戏和角色扮演,让孩子在乐趣中养成正确的看书习惯。

场景 08 长时间看电视

每次坐在电视机前,孩子的眼睛都会紧盯屏幕,完全沉浸在电视节目中,一看就是几个小时。中间提醒他该关电视了,他嘴上说"马上",却不见动作。强硬关了,孩子又要闹脾气。

错误语言

- ✗ 你怎么还在看电视,想把眼睛看坏,是吧?你要是再这样,以后就不让你看电视了!
- ✗ 跟你说过多少次了,看电视不能超过一小时,你怎么就是不听?
- ✗ 你看看你那样子,恨不得钻进电视里去。再这样下去,你的眼睛和大脑都会废掉的!
- ✗ 一天到晚就知道看电视,就不能找点别的事情做?你看看别人家的孩子都在干吗!

原因剖析

1. 孩子缺乏其他娱乐活动的选择,只能长时间看电视打发时间。
2. 电视节目很有趣,孩子难以自控。
3. 父母没有设定明确的看电视规则,孩子不断试探父母的底线。

正确示范

- 看电视的时间到了,我们要关掉它。是你关还是妈妈关?你来决定。
- 这集动画片确实很好看,你一定想继续看下去。不过我们约定的电视时间看完了,你可以期待明天的这个时间哦。
- 哇,楼下好多小朋友在骑自行车玩呢,这么长的队伍,好壮观!你现在下去,是想打头阵还是断后呢?
- 我们约楼下的小明一起去公园骑自行车吧,你们可以比赛谁骑得快,一定很有趣。
- 宝贝,我们来做个"电视时间"计划吧,每天只看半个小时,你能做到的话,就可以找我领一个奖章,集齐30个奖章,就可以带你去一次迪士尼。

沟通原理

1. 提前制定规则,让孩子清楚边界。
2. 对于制定好的规则,一定要温和而坚定地执行。
3. 当孩子陷入情绪困境时,共情并理解孩子,并且让孩子有所期待。
4. 父母的陪伴是给孩子最好的礼物。
5. 不想让孩子做某件事,那就给孩子把他做这件事的时间填满。

场景09 不爱运动

孩子放学回家后,总是选择待在家里,要么玩电子游戏或者看电视,要么就看书、玩玩具,不愿意出门运动。

错误语言

❌ 别总在家里窝着了,赶紧出去运动运动!你没发现你越来越胖了吗?

❌ 你怎么就这么懒,一动不动,再这样下去,身体会越来越差的!

❌ 你看看邻居家的小刚,他每天都去打篮球,身体多棒!你要再这样下去,以后怎么跟人家比?

❌ 一回家就窝在那儿一动不动,你看别的孩子跑跑跳跳的,多好!

原因剖析

1. 孩子没找到自己感兴趣的运动项目,对运动没热情。
2. 孩子没有可以一起运动的好朋友,不想出门。
3. 孩子觉得电子游戏、电视等比出门运动更有吸引力。
4. 父母平时也不爱运动,也不主动带孩子去运动。

正确示范

- ✓ 这周末你陪妈妈去爬山吧,妈妈自己有点孤单。
- ✓ 妈妈约了小明妈妈一起去公园玩,你带着轮滑鞋,和小明一起玩轮滑,好不好?
- ✓ 楼下有篮球体验课,暑假里我们去练一周,好不好?说不定你会爱上这项运动呢!

沟通原理

1. 父母在孩子面前示弱,可以让孩子体会到被需要的价值感。
2. 智慧的父母懂得在孩子需要的时候推一把。
3. 身教大于言教,父母的示范和榜样作用是巨大的。

场景 10　不注意个人卫生

说了无数遍,上床之前要洗脸、洗脚,可孩子总想着蒙混过关。

错误语言

- ✗ 你自己闻闻你脚的这味道,简直让人窒息!
- ✗ 你看你这邋遢样儿,你这是要成为班上的笑柄吗?
- ✗ 讲卫生不是为了别人,是为了你自己!你不讲卫生,长大以后会被人讨厌的!
- ✗ 你这么不爱干净,你们班还有小朋友愿意和你玩吗?

原因剖析

1. 孩子小时候没有养成规律的清洁卫生习惯,父母突然提出要求,孩子转不过弯来,为什么之前可以,现在就不行了。
2. 其他家庭成员有不良的卫生习惯,孩子觉得为什么他可以,我就不可以。
3. 孩子并未充分认识到个人卫生的重要性和必要性,觉得讲卫生是一件很烦的事。

正确示范

- ✓ 今天有人问我身上有多少细菌，把我难住了。你知道吗？我们来查一查资料，看一段关于细菌的动画片吧！这样你就知道，一天下来，你的脸上有多少细菌了！
- ✓ 妈妈很讨厌爸爸不洗脚就上床，我们为此还吵过好几次。我不希望你以后和你的另一半也因为这事有矛盾，那种感觉并不好。
- ✓ 之前妈妈工作忙，没顾得上教你，我觉得很抱歉，现在开始，妈妈会每天提醒你讲卫生，但我可能会半途而废，那么，就要换你来监督妈妈了，好吗？
- ✓ 今天洗了脸也洗了脚，你有什么感觉吗？我很想知道和我的感觉有哪些相同和不同的地方。

沟通原理

1. 通过故事、视频、图片等多种媒介，生动形象地给孩子讲解卫生常识及其背后的道理，比单单靠父母说有效得多。
2. 和孩子沟通，要从平等的地位出发，不摆父母的架子，该承认错误就承认错误，会更令孩子信服。
3. 把被动的事转换成主动的事，能培养孩子的责任感。
4. 强化正面感受，孩子更容易坚持下去。

第三章

好学习金句

01　抱怨作业多、作业难

02　写作业马虎应付,不在乎对错

03　写作业注意力不集中

04　难题懒得思考

05　简单题目一错再错

06　逃避预习、复习

07　不喜欢阅读

08　不能合理安排学习时间

09　不遵守课堂纪律

10　抄袭作业 / 考试作弊

长期以来，家长普遍过于看重孩子的学习成绩，盲目地要求孩子获得好成绩，这样会导致孩子身心俱疲，出现各种问题。家长应该遵循孩子的生理和心理发展特点，积极进行引导，才能帮助孩子培养学习好习惯。

3岁以后，儿童开始对书写、阅读感兴趣。书写敏感期出现在3.5~4.5岁，阅读敏感期出现在4.5~5.5岁。同时，孩子的注意力时长也是慢慢增加的。5~6岁时约为15分钟，6岁以上由15分钟逐步过渡到30分钟。因此，小学低年龄段孩子的家长，要尊重孩子的发展特点，在此基础上帮助孩子规划学习任务和目标。

著名心理学家埃里克森提出的心理发展八阶段理论中提出，学龄期（6~12岁）要解决的主要问题是勤奋感与自卑感之间的冲突。这个阶段，家长要做的是保护好孩子学习的热情和自信，这比学习成绩要重要得多，这点极其重要，请家长务必要高度重视，将其视为小学阶段的重要任务。

我们在多年的临床指导和咨询中，接待了大量的因父母经常打骂训斥导致小学生出现两个极端的案例：抗逆力弱的会变得自卑、胆怯、懦弱，行为上会出现撒谎、自暴自弃、自我封闭、社交退缩等，为日后得抑郁症埋下很大隐患；抗逆力强的会出现高度叛逆，如经常和父母吵架、逃课等，为日后成为"小混混"埋下隐患。

场景 01　抱怨作业多、作业难

一到写作业的时候，孩子就负面情绪爆棚，抱怨老师留的作业多、作业题目难等。

错误语言

✘ 你怎么那么多废话，有这抱怨的时间，这一页都写完了。
✘ 为什么你觉得难？是不是上课的时候没有认真听讲？
✘ 一写作业就抱怨，你们学校作业少多了，你要是再嫌多，我就把你转到别的学校去，让你感受一下。
✘ 都是同样的老师教的，为什么你的同学就不嫌多呢？人家作业都能完成得又快又好。

原因剖析

1. 孩子的作业可能确实超过了他可以接受的量，孩子单纯地只是想发泄一下情绪。
2. 孩子没有掌握好今天的知识点，想要寻求帮助，又怕家长训斥上课没有认真听。
3. 每天的上课时间、课外兴趣班安排得很满，孩子没有玩耍的时间，感到很疲惫。

正确示范

- ✓ 今天的作业是有点多哦，让我写也会觉得挺累。你希望妈妈做些什么，能让你心情好一些，可以顺利地写完作业呢？
- ✓ 我们先把作业分成几个小块，完成一个，休息十分钟，先从你觉得最容易的部分做起，如果需要妈妈可以陪你一会，好吗？
- ✓ 遇到不会的题目就先空着，等做完这一项，妈妈帮你看一看。妈妈也不会的话，明天可以去问问老师或者同学。
- ✓ 上周四的作业比今天的还要多两张卷子，最后你自己花了两个半小时搞定了。这次妈妈觉得你也可以的。如果有需要，妈妈很乐意和你站在一起。

沟通原理

1. 学会倾听孩子的困扰和压力，表达同理心，才会带给孩子爱和安全感。
2. 教授孩子有效的学习策略，帮助他们提高解决问题的能力。
3. 用鼓舞人心的话语替换负面评价，强调努力过程的价值，鼓励孩子勇敢面对困难。
4. 提升孩子的自信心，学会使用赋能式鼓励，一定要有理有据，让孩子相信自己能行，否则就是空话。

场景 02　写作业马虎应付，不在乎对错

孩子坐在书桌前，眼睛却盯着窗外。写作业时，孩子埋头奋笔疾书，很快就完成了，家长挺满意，可认真一看，问题就暴露出来了。作业本上字迹潦草，错误百出，孩子却不想改。

错误语言

- ✗ 你这是画画还是写字？这样的作业你也好意思说写完了。
- ✗ 作业是写给你自己的，你在糊弄谁啊！最后吃亏的还是你自己！就你这样不负责任的态度，以后肯定干啥啥不行。
- ✗ 我告诉你，今晚你不把这些全部重新做一遍，别想睡觉！以后再让我看到你这样写作业，我都给你撕了！

原因剖析

1. 家长平时只关注"有没有按时交作业"这个结果，孩子就有了"作业只要交了就行"的想法。
2. 孩子之前有应付作业的经历，没人及时监管，他就越来越不认真。
3. 孩子没认识到作业的意义和重要性。
4. 孩子心里急着去做别的事，想尽快写完作业。

> **正确示范**

✓ 我看到你今天用了一小时就写完作业了，但是字迹有点潦草，有些题目似乎没有仔细考虑。作业中遇到难题了吗？还是有什么着急的事情等着你去做？说出来我们可以一起解决。

✓ 我觉得你对作业可能有误解。写作业的意义不是应付老师检查，而是要巩固新学到的知识，并且查漏补缺。如果应付了事，那问题就无法暴露出来了。问题越积越多，你的学习很可能会跟不上的。

✓ 从今天开始，妈妈陪你一起认真写作业。我知道你是有能力做好的，只是可能需要一点时间和耐心。我们一起慢慢来，好吗？

> **沟通原理**

1. 通过温和的引导帮助孩子意识到粗心的危害，而不是严厉地斥责，避免激起逆反心理。
2. 即使是在纠正错误的过程中，也要适时给予孩子鼓励和肯定，强化积极行为。
3. 强调孩子的能力，同时给予他们足够的改进时间和空间。
4. 小学阶段，父母的责任就是帮助孩子解决学习中遇到的困难，顺利地度过勤奋感与自卑感之间的冲突阶段，让孩子体验到自信。

场景 03　写作业注意力不集中

孩子每次坐在书桌前,手里拿着笔,注意力却不在作业上。东摸西摸,一个小时过去了,作业本上只有寥寥几笔。

错误语言

- ✗ 这么长时间,你到底干了什么?照你这速度,作业什么时候能写完?
- ✗ 你说你,就不能写完再玩吗!非要边写边玩!我真是无语了!
- ✗ 我现在就在后面盯着你写,提前说好哦,看到你走神,我就打你一下,让你长长记性。
- ✗ 赶紧写啊!等着我给你写呢?

原因剖析

1. 由于过度疲劳、好奇心旺盛等原因,孩子的心定不下来。
2. 作业太难或太简单,孩子心里抵触,一直在无意识地拖延。
3. 家长忽略了孩子的生理发展特点,小学低年龄段的孩子注意力只能保持 20 分钟,超出时间孩子很难控制住。
4. 幼儿阶段过早过多接触电子产品,破坏了孩子的专注力。
5. 吃甜食过多会增加孩子的多动倾向,影响注意力。

正确示范

- ✓ 写作业之前,我们先来整理一下你的书桌吧,把可能会让你分心的东西都收起来,这样你就可以又快又好地完成作业了。
- ✓ 数学的作业是课后练习,"磨刀不误砍柴工",做之前,可以先翻翻课本,复习一下课堂上老师讲的知识点,再做练习,就不会那么吃力了!
- ✓ 我知道,你也想静下心来写作业,就是控制不住自己。我们设一个 15 分钟的倒计时吧,努力坚持 15 分钟,之后就可以玩 5 分钟。
- ✓ 要开始写作业了,你看看桌面上哪些是你需要的,其他的我们先把它收起来放在一边,等你写完作业了再拿出来。

沟通原理

1. 家长的职责是和孩子一起打败问题,而不是和问题一起打败孩子,应该时刻谨记这个出发点。
2. 家长应理解孩子,可以采取灵活多变的方式,耐心引导,避免过于严苛的要求造成孩子反感。

场景 04　难题懒得思考

碰到看起来有点难的题目，孩子很快就放弃，要么空着，要么求助家长或同学，要么直接拿手机搜答案，不肯深入思考。

错误语言

- ✘ 你怎么一遇到难题就退缩，也太没有挑战精神了！
- ✘ 再这样下去，你的脑子会越来越懒，越来越笨。
- ✘ 这个题目，老师上课应该讲到了，不应该不会啊！你做不出来，就是因为你没有用心思考！
- ✘ 看到难题就找手机、问同学，考试的时候你也这样做啊？

原因剖析

1. 孩子缺乏解决问题的信心，或者没有掌握解决难题的策略，下意识地逃避难题。
2. 家长过于急切地想要孩子独立解决问题，会给孩子造成压力。
3. 针对一个好的成绩，家长如果经常关注（和表扬）结果而不是努力的过程，久而久之，孩子会因为害怕下一次无法取得好的结果而放弃尝试难题。

正确示范

- ✓ 这道题是挺难的，我也没什么思路。我们一起来分析一下，看看题目里有什么关键信息。说不定集合我们两人的力量就解决了呢，那可就太有成就感啦！
- ✓ 记得上次有一道难题，你一开始说不会做，后来思考了几分钟，用一个很简单的方法就把它解出来了。这次，我们也来试一试吧。
- ✓ 我小时候碰到难题，会觉得花很多时间思考最后却做不出来，时间都白白浪费了。现在回头想，这个思考的过程也是有好处的。你也试试去思考 5 分钟，如果还没思路再放弃。
- ✓ 咱们一起尝试一下不同的解题思路好吗？即使做不出来也没关系，我们尝试的过程也是一种锻炼。

沟通原理

1. 家长不要随便给孩子贴标签。
2. 用质疑的方法教育孩子，只会把孩子推远，有百害而无一利。
3. 鼓励孩子回忆过去成功解决问题的经历，有助于增强他们的自信心。
4. 父母多讲讲自己小时候的糗事，更容易成为孩子的"自己人"。

场景 05 简单题目一错再错

看起来挺简单的题目，孩子错了一次，更正过来了，下次遇到同类型的题目，又做错，就是不长记性、不走心。

错误语言

- ✖ 同样的问题错了一次又一次，你就不能长点记性吗？
- ✖ 你就不能细心一点吗？这么简单的题目都能一错再错，每天到底在想什么啊！
- ✖ 难的题目不会，简单的题目一错再错，你老是这样粗心大意，以后可怎么办啊？

原因剖析

1. 孩子的基础知识掌握不牢固，总是犯同样的错误。
2. 父母不了解孩子的具体情况，没有帮孩子详细分析情况，只是用"粗心大意、马虎"一概而论。
3. 家长在给孩子贴标签，孩子接受了这个标签，认为自己就是一个马虎的孩子。
4. 没有鼓励孩子养成验算（理科）和检查（文科）的好习惯。
5. 适当接受孩子的马虎，过于谨慎的副作用是降低想象力和创造力。

> **正确示范**

- ✓ 宝贝，这些题目你其实都会做，只是某个环节可能出了小岔子，我们一起来看看是哪里出了问题。
- ✓ 下次遇到类似的题目，我们可以先深呼吸，再下笔，做完之后仔细检查一遍，确保没有疏漏。
- ✓ 哈哈，这个题过程都算对了，抄写答案时把3写成了6，你是不是不喜欢3喜欢6啊？就是好可惜啊，我们想想下次做题时，怎么才能不抄错呢？
- ✓ 哇，这么多对勾呢，红艳艳的真好看。只有这几道打了叉。你想想怎样才能把它们也变成对勾？
- ✓ 我们验算一遍可能只需要二三十分钟（针对大考），但是能检查出好多错题，这些错题其实你都是会的，只是在第一遍做的时候赶时间才做错了。

> **沟通原理**

1. 小学低年龄的孩子处于形象思维阶段，需要家长帮助孩子细致地分析错误根源，提出改进方案。
2. 先关注孩子的情绪，再关注解决问题。没有孩子希望自己考低分，家长首先要缓解孩子的负面情绪，鼓励他勇于面对错误并从中吸取教训。
3. 关注正面，给予鼓励。创造一个幽默轻松的氛围，培养孩子对学习的热情远比分数更重要。

场景 06　逃避预习、复习

孩子每天回家，只写老师留的书面作业，家长苦口婆心，劝孩子抽时间复习、预习，孩子就是不听。

错误语言

❌ 马上期中考了，你有空就不能看看书、复习复习吗？怎么一点都不上心？

❌ 你以为学习是可以随便敷衍的事吗？别人每天坚持复习、预习，你一眼书都不想多看，这样下去，成绩怎么可能好？

原因剖析

1. 孩子没有意识到预习和复习对学习的重要性。
2. 作业太多了，孩子做完后已经很疲惫了。
3. 家长对孩子的期望太高，希望孩子不用督促就有强大的自驱力。

正确示范

- 宝贝，我们来做个"学习计划表"，把写作业、预习和复习都规划进去，你是准备先写作业后预习还是先预习新内容再写作业，你来决定！
- 你知道为什么要预习和复习吗？预习，就像玩游戏前先看看攻略一样，复习，就像游戏后的复盘，这两个环节都很重要的。
- 咱们来定个小计划，每天写完作业后，固定半小时时间用来预习和复习，剩下的时间你自由支配。这个时间段你希望闹钟提醒你还是希望妈妈提醒你？

沟通原理

1. 与孩子一起制定学习计划，让他们参与决策，提高他们执行计划的积极性，同时增加自信感。
2. 用孩子感兴趣的事物做类比，帮助他们理解预习和复习的重要性。
3. 通过设定小目标和挑战，激发孩子完成任务的兴趣和动力。

场景 07　不喜欢阅读

饿了、困了、累了，孩子有各种借口逃避读书，家长说尽读书的好处，都没用。

错误语言

✗ 你今天是不是又没有读书？照这样下去，词汇量怎么增长？写作能力怎么提高？

✗ 我们小时候，想看书是没得可看，你们现在条件这么好，有各种各样的很有趣的书，怎么就不知道珍惜呢？

✗ 看你这一提阅读就生不如死的样儿，我真是愁死了！

原因剖析

1. 孩子小时候接触的书籍内容过于深奥或枯燥，导致孩子对阅读留下负面印象。
2. 家里缺乏阅读的环境和氛围，孩子很难自发地产生阅读的兴趣。
3. 孩子觉得阅读应该是一种享受，被家长布置成了任务，让他很抗拒。

正确示范

- 我最近发现了一套探险故事书,主人公是一只帅气的狐狸,里面的插图也超级精美,你愿意跟我一起看吗?
- 这本书的对话好好笑啊,我们来分角色扮演一下吧。
- 文字太多的书对你来说是有些挑战,你看,妈妈特意选了一套配图的侦探推理书,看起来就轻松多了。
- 我以前看过一本很有趣的书,里面有一个年龄很大的爷爷出海捕鱼,就在他快要饿死时,他网到了一条超级大的鱼,有可能是海里的鱼王,他们展开了搏斗。可惜没看完,不知道老人和鱼最后谁赢了。要是有人能看完讲给我听听就好了,那本书的名字我还记着呢。

沟通原理

1. 家长主动给孩子营造阅读很"香"的氛围,把孩子从阅读很"苦"的印象中拉出来。
2. 了解孩子的兴趣爱好,选择适合他们的书籍,将阅读与孩子喜欢的活动联系起来,让阅读变成一种乐趣而不是任务。
3. 讲一本书的开头,设置悬念,不讲结尾,吸引孩子去阅读。阅读过程中,及时跟孩子探讨有趣的故事情节。

场景08 不能合理安排学习时间

孩子明知道作业任务重,却总是先把时间花在别的地方,跟小朋友玩、慢悠悠地吃东西、看电视……直到很晚才开始写作业,结果写到很晚,自己很崩溃,写的作业质量也差。

错误语言

❌ 明知道作业多,你就不能早点写吗?非要拖到这么晚。
❌ 放学就一直催你,就是不听!现在着急了,活该你写不完!
❌ 你现在连这点事都安排不好,以后能干成什么啊!

原因剖析

1. 外面的诱惑太多,孩子没注意到时间溜走了。
2. 孩子合理分配时间的能力还不够成熟。
3. 家长的负面评价会让孩子干脆破罐子破摔。
4. 学习中有困难,抵触学习。

正确示范

- 我知道你很想跟小朋友玩,周末有大块时间,我们约小朋友一起玩半天,好不好?
- 我们约定一个固定的时间点吧,每天到点就开始写作业,养成这样的习惯,就不会到最后搞得手忙脚乱了。
- 你昨天的作业写到了 10 点半,妈妈看着都心疼,下次早点写,写完了你就可以去玩了。

沟通原理

1. 父母爱孩子,谨防不经意间使用了"诅咒"的方式。
2. 和孩子说话,多用"我",少用"你",攻击性会少很多,孩子会更容易接受。

场景 09　不遵守课堂纪律

老师三天两头找家长告状,孩子在课堂上坐不住,和周围的同学交头接耳,不认真听讲,等等。

错误语言

❌ 老师又找我告状来了,我的脸都要被你丢光了。
❌ 我送你到学校干吗去了?是让你调皮捣蛋去了吗?
❌ 不好好上学,以后就别去了。在家里当个傻子吧!

原因剖析

1. 刚入学和小学低年级的孩子不清楚什么是认真听讲,家长也没有告诉他如何做才是认真听讲。
2. 老师的讲课形式可能很无趣,孩子很难集中注意力听讲。
3. 家长不问缘由就批评孩子,让孩子很受伤。
4. 孩子可能有"多动症"和"抽动症"倾向。

正确示范

- ✓ 宝贝,能告诉我老师上课时你在做什么吗?我猜你可能不清楚怎么做才是认真听讲。妈妈告诉你,老师在讲课时,你要看着老师的眼睛,仔细听老师说的话,中间老师讲的如果有你不明白的地方,可以大方举手提问。这就是认真听讲。
- ✓ 妈妈今天接到了老师的电话,提到你今天课堂上和同学大声讲话,你能告诉我发生了什么事情吗?
- ✓ 有的老师上课的确有点枯燥,我们可以通过提问和参与讨论的方式让它变得更有意思,你下次尝试一下,好不好?

沟通原理

1. 多问问孩子"发生了什么事",耐心倾听,而不是一见面就指责,教师只是单方面地表达,一定要让孩子从他的角度说出来,才能打开孩子的心门。
2. 真正站在孩子立场上去理解他们的感受。

场景 10 抄袭作业／考试作弊

老师向家长反映，孩子有抄袭作业或者考试作弊的行为，家长简直难以置信，孩子怎么能做出如此没有底线的事情呢！

错误语言

❌ 你怎么能作弊呢？这是欺骗别人，也是欺骗自己。

❌ 这么小，你就学会偷偷摸摸了，以后长大了，你不得干出违法犯罪的事来。

❌ 你要是再有下次试试，你看我不打断你的手！

原因剖析

1. 家长过于重视成绩，导致孩子为达目的采取了不正当手段。
2. 家长的指责会让孩子觉得自己为错误买完单了，不再认真反省。

> **正确示范**

- ✓ 我一直认为，你是一个诚实守信的孩子，这次做出这样的事来，你肯定有你的想法，你愿意和我说说吗？
- ✓ 犯错不可怕，可怕的是不知悔改。这件事能让你学到什么教训？
- ✓ 妈妈想告诉你，如果你遇到任何困难，都可以随时来向我寻求帮助。我会一直在背后支持你的。
- ✓ 看得出来你很想得到 A，可能是我们平日总是问你的成绩，给你造成我们只关心你考个高分的感觉。老师留的作业或考试只是用来测试你平日学习结果的一种方式，爸爸妈妈其实更关注你学习的过程。如果你学习中遇到不会的，我们很高兴和你一起解决它。

> **沟通原理**

1. 孩子犯错时，家长要保持冷静与平和，愤怒或激动的反应会让孩子感到恐惧或防御，反而阻碍了有效沟通的可能性。
2. 将沟通重点放在从错误中吸取教训上，引导孩子思考解决方案，不再犯同样的错误。
3. 家长向孩子强调对其的支持和肯定，以防孩子受愧疚心折磨，向内攻击。

第四章

好性格金句

01　一有不满就发脾气

02　什么建议都听不进去

03　习惯性撒谎

04　无休止地买玩具

05　偷拿家里的钱

06　满口脏话

07　不知感恩父母的付出

08　懒散,家务啥都不想干

09　胆小,不敢接受挑战

10　不愿意分享,比较"独"

心理学家说："60分的妈妈是最好的妈妈。"这意味着父母在孩子独立做事时不去过多干涉和过度关心，从而留给孩子足够的空间去探索外界事物，又能在孩子感到危险与恐惧时给予足够的情感支撑和鼓励。在这样一个足够宽容、充满独立与安全感的空间中，孩子"本自具足"的天性会慢慢展现，其独立、好奇、自尊、自信、友爱、善良、悲悯等一系列好的性格和品质也会慢慢地发展出来。

性格的培养和情绪密切相关。好性格的重要指标之一是拥有稳定的情绪。当孩子的各种情绪都能被父母所接纳和认可时，他就不会担心因为自由表达了自己的感觉、想法、观点而被拒绝和惩罚。他就会觉得"可以自由地做自己"，家长也就能了解真实的他。那么这个孩子就拥有了充足的安全感。在他犯了错误时，父母能够共情他、接纳他，和他一起解决问题。在这个环境中，他被尊重、被关注、无条件地被爱着，这会让他生出积极的、向上的、美好的性格特点。

场景 01　一有不满就发脾气

孩子遇到不顺心的事情，比如玩具坏了或者游戏输了，就会大发脾气，甚至摔东西。

错误语言

- ✗ 这有什么大不了的，别小题大做。
- ✗ 行了，别哭了，你再不停下来，我就拿走你的玩具。
- ✗ 好了好了，别哭了，我给你买个新的。
- ✗ 哦，可怜的宝贝，你也太可怜了，这一切都是别人的错，坏游戏、坏妈妈……

原因剖析

1. 孩子还没学会如何表达自己的情绪。
2. 孩子还没办法控制自己的情绪，只能用发泄的方式来表达不满。
3. 家长对孩子情绪的反应越是敏感，孩子越是喜欢发脾气。
4. 父母就不会管理自己的情绪，孩子学到了父母的做法。

> **正确示范**

- ✓ 你现在一定非常生气,来,妈妈抱抱,给妈妈说说发生什么事了?
- ✓ 下次遇到不开心的事,我们可以试着说出来,而不是立刻发火,好不好?
- ✓ 你现在感觉太生气了,不想说?没关系,我们可以先安静一会儿,跟着妈妈吸气呼气,等你心情平静下来,咱们再说。
- ✓ 妈妈知道你现在很愤怒,因为别的小朋友赢了比赛,你希望这次是你赢。只是我们必须要遵守游戏规则,有比赛就会有输赢,否则我们下次就没办法玩了。这次他赢了,下次你再赢回来就好了。

> **沟通原理**

1. 倾听孩子的感受,理解他们的情绪,学会共情,而不是简单地压制。
2. 教给孩子健康的情绪表达方式,帮助他们学会自我调节。
3. 引导孩子在情绪激动时采取适当的冷静措施,避免冲动行为。

场景 02 什么建议都听不进去

　　孩子在做作业时,家长提出一些建议,比如不要打游戏,多读一些名家名著,但孩子却显得不耐烦,不愿意接受任何建议。

错误语言

- ✗ 你怎么这么固执,我这都是为你好。
- ✗ 不听老人言,吃亏在眼前,你不听我的,以后肯定吃亏。
- ✗ 你这孩子怎么这么不听话,我以后再也不管你了。

原因剖析

1. 孩子进入逆反阶段,对大人的建议本能地排斥。
2. 家长不了解孩子的真实想法和需求,使他觉得不受尊重或理解。
3. 12 岁前后是青春期的起点,这个阶段的最大特点是追求独立自主,所以孩子不愿意接受建议。

> **正确示范**

✓ 我知道你可能有自己的想法，可以说说你是怎么想的吗？

✓ 我们一起来头脑风暴，每人说出一项建议，你来决定哪个更适合你。

✓ 这是我的建议，你可以考虑考虑，不用急着做决定，多思考一下准没错。

> **沟通原理**

1. 尊重孩子的意见和感受，让他们感到被理解和尊重。
2. 用合作而非命令的方式提出建议，让孩子感到自己为解决问题出了一份力。
3. 鼓励孩子去分析和质疑信息，而非盲目接受或拒绝，培养其独立判断力。

场景 03　习惯性撒谎

孩子在一些事情上经常撒谎，比如作业有没有完成，有没有受到老师的批评，跟朋友有没有打架，等等，很多谎言很拙劣，大人一眼就能看穿，孩子还是要说。

错误语言

❌ 你竟然学会撒谎了！真是太让我失望了！
❌ 你怎么总是撒谎！我看你是改不了，以后你说话没人信你。
❌ 小小年纪就学会说谎，长大了还得了！我警告你，再让我发现你说谎，我饶不了你。

原因剖析

1. 孩子曾经在说真话时被惩罚过，索性开始撒谎。
2. 低年龄段的孩子有时会混淆现实与幻想，尤其在是非面前，难以区分两者界限。
3. 家长的过度反应会导致孩子为了维持和谐，愈发频繁地编造谎言。

> **正确示范**

- ✓ 我知道有时候承认错误不容易,但如果下次再发生这种情况,记得告诉我实话,我们会一起找出更好的解决办法。
- ✓ 我理解你可能因为害怕而不想告诉我真相,但谎言会让我们不知道该怎么帮你,说实话真的很重要。
- ✓ 我知道撒谎并不是你的本意,因为撒谎的感觉并不好。我希望你知道,无论何时,你都可以和我坦诚相对。

> **沟通原理**

1. 与孩子讨论诚实的重要性,让他们理解撒谎的后果。
2. 无论何时,都要注意给孩子营造家的安全感,让孩子知道他们可以诚实地表达自己的想法和感受,而不必担心受到惩罚。
3. 父母也要尝试着理解孩子行为背后的想法,不要过分夸大说谎的负面后果。

场景 04　无休止地买玩具

孩子每次去商场或超市,总是缠着父母要买新玩具,即使家里已经有了同类型的玩具,甚至家里的玩具已经堆积如山。

错误语言

- ❌ 家里已经有很多玩具了,为什么还要买呢?我没那个闲钱。
- ❌ 我说不买就是不买!没有为什么!你哭也没用!
- ❌ 你都多大了,还闹着要玩具,你怎么这么不懂事!
- ❌ 如果这周你表现得好,周末我再带你来买。

原因剖析

1. 孩子还不懂得控制自己的欲望和做出取舍。
2. 孩子对玩具的价值和父母的经济压力没有清晰的认知。
3. 家长平时的纵容或不坚定的回应,会让孩子反复去试探。
4. 家长没有和孩子一起建立每月固定零花钱的规则。

正确示范

✓ 每个月你可以有 50 元用来买玩具，如果买了这个，你最喜欢的 ×× 就没有办法买了哦。

✓ 我知道你很想要这个玩具，不过，你这个月买玩具的预算已经用完了，你可以期待下个月的到来，美好的事情是值得耐心等待的。

✓ 这个玩具已经超出了我们的预算，如果你特别想要，我有个建议，你可以在你承担的家务以外付出一些劳动来赚取更多的零用钱，靠自己的努力存钱买它。我想那时你一定会更加珍惜这个新玩具。

沟通原理

1. 在拒绝孩子时，态度要温和而坚定，不要随便发脾气训斥孩子，也不要犹犹豫豫，不要让孩子觉得有讨价还价的空间。
2. 设定清晰的界限和预期，让孩子了解并非所有要求都能立即得到满足。
3. 通过制定规则和计划，帮助孩子学会管理自己的欲望和期待。

场景 05　偷拿家里的钱

孩子悄悄从父母的钱包里拿钱，背着父母去买自己想要的东西，比如盲盒、卡片等。

错误语言

- ✗ 你怎么可以偷拿家里的钱？你这是小偷的行为！
- ✗ 你再这样，我要把你送到警察那里去。
- ✗ 我真没想到你会做出这种事，太让我失望了。

原因剖析

1. 孩子迫切地想买某样东西，家长不同意，他这才想到了悄悄拿家里的钱。
2. 家长单方面压制孩子的行为，却没有看到孩子内在真正的需求，真正的问题反而被掩盖了。
3. 家长没有建立按时给孩子固定零花钱的规则。

> 正确示范

✓ 宝贝,我注意到钱包里的零花钱少了,我们能谈谈发生了什么吗?

✓ 妈妈明白你想有一笔可以由你自由支配的钱,你可以向我们表达你的需求。很抱歉之前我们没有考虑到你已经到了需要零花钱的年龄,现在,我们一起探讨一下关于发放零花钱的时间和数量的事。

✓ 如果你有任何需要,都可以随时和我说,我们一起想办法解决,这种方式显然是不可取的。

> 沟通原理

1. 孩子进入幼儿园后,父母就要在固定时间给孩子一笔固定金额的零花钱,由孩子自由支配。零花钱既保护了孩子的自尊心,给足了孩子安全感,还可以培养孩子的独立性,锻炼孩子管理金钱的能力。
2. 保持冷静,用非指责的方式开启对话,为孩子提供一个安全的环境,使其愿意向父母敞开心扉。
3. 增强家庭成员间的沟通,确保让孩子知道无论遇到什么问题,都有渠道寻求帮助,而不是独自面对困境。
4. 强化正向引导,鼓励孩子通过努力和合理途径获得所需,培养其独立性和自我控制能力。

场景06 满口脏话

孩子在和同伴玩耍时,或者对父母表达不满时,频繁使用不文明的语言,说出一些难以入耳的脏话。

错误语言

- ✗ 你这孩子怎么说话的?嘴巴放干净点!
- ✗ 你从哪儿学来的这些话?我看你以后和不良少年没什么两样儿!
- ✗ 嘴巴干净点!再让我听见你这么说,看我不揍你!
- ✗ 我这样说你,你高兴吗?

原因剖析

1. 孩子在同伴中或者媒体上听到这些词汇,并不完全理解其中含义,就当它是口头禅。
2. 孩子认为使用脏话是一种表达强烈情绪的方式。
3. 家长反应很激烈,孩子只会觉得家长不懂孩子的梗,小题大做。
4. 亲戚朋友中有人经常使用不文明语言,孩子模仿学来的。

正确示范

- ✓ 我听到你说了一句我们平时不会说的话,你可以告诉我是从哪里听来的吗?这两个字特别不文明,有强烈的辱骂意味,不管是大人还是小朋友听到了都会觉得被冒犯到,会特别生气。我想你也不希望别的小朋友这样说你。
- ✓ 如果有人用这个词骂我,我会很生气。如果有人这样骂你,你会有什么感受?
- ✓ 我知道你说这话的时候一定很生气,我们可以一起找一个替代语来表达你的愤怒或不满,我们一起来头脑风暴一下,轮流想出一个词,你来挑选一个合适的。

沟通原理

1. 对孩子进行严厉的斥责只会加剧冲突,无助于根本问题的解决。
2. 家长有责任教会孩子如何用适当的方式表达不满或挫败感。
3. 唤醒孩子的同理心,比直接说教更有用。
4. 身教大于言传,家长要时刻关注自己的一言一行,别给孩子做了错误的"榜样"。

场景 07　不知感恩父母的付出

日常生活中，孩子对父母的照顾和付出感到理所当然，不知感恩，甚至表现出不耐烦或不满。比如父母花大价钱买的衣服，孩子说难看不肯穿。

错误语言

❌ 我们为你做了这么多，你居然不懂感恩，真是养了个白眼狼！
❌ 我们每天辛辛苦苦工作都是为了你，你怎么还不满意？
❌ 不喜欢？那就扔垃圾桶去！以后我再也不给你买衣服了！

原因剖析

1. 孩子更关注自己的感受，而忽略了他人。
2. 家长的过激反应会激起孩子的逆反心理。
3. 家长既无底线地满足孩子的需求，又抱怨自己为了孩子付出太多，让孩子无所适从。
4. 家长过度宠爱孩子，孩子没有自己的空间，只感觉到父母的越权而不是关爱，内心处于防御状态，不愿表达自己的感受。

> **正确示范**

- ✓ 宝贝,妈妈今天上了一天班,做饭时感觉有些累,我需要你的帮忙。你去摆碗筷怎么样?
- ✓ 这么热的天,妈妈每天在厨房为我们一家人做饭,我们应该跟妈妈说些什么?同时做什么会让妈妈轻松一些呢?
- ✓ 你知道吗?每天下班回到家,能听到你说一声"妈妈,上班辛苦了",我的心里就像吃了蜜一样甜,就感觉一点都不累了,浑身充满了干劲儿。

> **沟通原理**

1. 想让孩子学会感恩,就要给孩子创造感恩的机会。
2. 在抱怨孩子之前,先手把手地教会孩子正面表达感恩之情。
3. 批评指责是刺伤孩子的刀,正面而直接的引导才是"特效药"。
4. 从小让孩子接触家务活,培养孩子的同理心,孩子才能体会父母的辛劳,拥有感恩之心。

场景 08　懒散，家务啥都不想干

孩子在家里什么活都不干，自己的房间不整理、衣服不洗……也不肯帮父母分担家务，即使父母多次提醒和要求，孩子仍然找各种借口推脱。

错误语言

✘ 你怎么这么懒！家里这么多活儿，你就不能来搭把手吗？
✘ 你怎么一点眼力见儿都没有，家里这么多活，你就看不见吗？
✘ 你要是再这样，我就不给你零花钱了，让你知道不劳动就没有收获。

原因剖析

1. 孩子从小没干过家务，认为这些就该是父母的责任。
2. 家长没有为孩子设定明确的家务责任。
3. 家长的立场不坚定，孩子觉得可以不做。

正确示范

- ✓ 宝贝,我们家每个人都是重要的成员,每个人都有责任让家里保持整洁和舒适。你能告诉我,你觉得自己能做些什么吗?
- ✓ 我们一起制定一个家务分工表,这样每个人都知道自己需要做什么,你觉得怎么样?
- ✓ 为了让我们家变得更温馨整洁,每个人都有很重要的任务哦,来认领一项吧。

沟通原理

1. 通过家庭会议等形式,确立公平合理的家务分配原则。
2. 为孩子设定明确的家庭任务,并坚持让他们完成,以培养他们的责任感和自律性。
3. 爱是本能,会爱是能力,父母要学会"左手规则右手爱",要和善且坚定地养育孩子。

场景 09　胆小，不敢接受挑战

孩子在面对新事物或挑战时表现得胆小和犹豫。无论是参加学校的集体活动、学习新技能，还是在比赛或社交场合，孩子都显得缺乏自信，不敢迈出尝试的一步。

错误语言

❌ 你怎么就这么胆小？你看别的孩子都敢做，你怎么就不敢？
❌ 你要是再这么胆小，没有人会愿意和你玩的。
❌ 你要是个男子汉，就应该勇敢些！
❌ 你一点挑战都不敢面对，以后怎么能成大事？

原因剖析

1. 孩子在过去的尝试中遭遇失败，产生了恐惧和自我怀疑。
2. 孩子缺乏足够的准备和技能，挑战会让他觉得不安全。
3. 家长对孩子的期望越高，孩子越害怕失败而不敢尝试。
4. 家长实行打压式的教育，孩子很少得到父母的鼓励和认可，性格上自卑、怯懦。

> **正确示范**

- ✓ 这个攀岩墙很陡,刚开始有点害怕是很正常的,要不我们先挑战爬3阶,等你觉得准备好了,咱们再向上挑战。
- ✓ 你知道吗?每个人都有害怕的时候,妈妈小时候也不敢轻易尝试新鲜事物,但只要勇敢跨出第一步,你就会发现,没什么可怕的!
- ✓ 上次学滑冰,你穿着冰鞋扶着护栏站了一节课,这次你就可以抓着护栏向前试探着滑行了。哇,你是怎么做到的呢?

> **沟通原理**

1. 慎用激将法!使用贬损性语言只会打击孩子的信心,倒不如理解并接纳孩子的恐惧情绪,为他创造一个无压力的支持性环境,才能让他有勇气接受挑战。
2. 通过分解任务难度,设定可达成的小目标,帮助孩子积累成功经验,逐步建立起应对复杂情境的信心。
3. 分享自身或其他人的励志故事,使其明白勇气并非天生拥有,而是可以通过后天努力和实践逐渐培养出来的品质。
4. 看到孩子细微的进步,及时地指出来,这就是鼓励。哪怕是很小很小的进步,对孩子来说,也是他用了很大努力战胜自己内心的恐惧,坚定地迈出的第一步。

场景 10　不愿意分享，比较"独"

孩子在与兄弟姐妹或者同伴玩耍时，不愿意分享自己的玩具或零食，表现得很自私。为此，他宁愿独自玩耍，不参与集体活动。

错误语言

- ✘ 你为什么不愿意把玩具跟弟弟分享，这样也太自私了！
- ✘ 赶紧把玩具拿出来给大家玩，不然我就没收了！
- ✘ 你再这样下去，别的小朋友都不愿意跟你玩了，知道吗？

原因剖析

1. 孩子的占有欲是出于本能的自我保护机制，尤其是在资源有限的情况下，他们会自然地倾向优先满足自己的需求。
2. 孩子在过去的分享经历中遭遇了不公平的对待，从而对分享产生了抵触。
3. 家长日常教育中，过分强调了个人所有权的重要性，而忽略了培养孩子的社会交往能力和集体意识。

> **正确示范**

- ✓ 宝贝,你有权决定你的玩具要不要借给别人玩,妈妈尊重你的决定。等你什么时候想要分享了我们再分享。不管什么时候,妈妈都希望你过得快乐。
- ✓ 如果你和弟弟分享你的玩具,弟弟也会和你分享他的,这样你们每个人都能有更多的玩具玩了。
- ✓ 你看,小朋友们都玩得很开心呢,你拿着你的玩具车也加入吧,这样车队就更壮大了。

> **沟通原理**

1. 学会尊重孩子,在孩子五岁之前,要保护好孩子的物权意识,不要强迫孩子去分享玩具。孩子在五岁以后才开始理解"我们的"和"大家的",愿意将自己的物品分享给需要的人。
2. 和孩子讨论分享的好处,比如增进友谊、获得信任等。
3. 用积极的语言和行为来引导孩子理解分享的价值。
4. 组织一些需要分享的活动,让孩子在实践中学习分享。

第五章

好沟通金句

01　为了讨好"朋友",总委屈自己

02　总以自我为中心,要别人听他的

03　和朋友闹别扭了,只会生闷气

04　被同学欺负了,不会反抗

05　对别人的批评太过敏感

06　不敢在众人面前表现自己

07　好胜心太强,接受不了失败

08　常把"我不行"挂在嘴边

09　遇到困难时,不会求助,只会发脾气

10　不会耐心倾听别人说话

和孩子沟通顺畅的前提是父母能够心平气和地倾听，允许和鼓励孩子表达真实的自我感受。当孩子情绪激动或低落时，家长可以这样问："发生了什么事""这件事你是怎么想的？我们可以谈谈，我有足够的时间听你说"，而不是"你为什么这么做，你到底是怎么想的"这类带有指责的话语。

沟通中，学习运用"我句式"。大部分家长习惯于用"你句式"，比如"你为什么和同学打架？""你怎么老是跟同学动手动脚"等。听出什么感觉了吗？指责、抱怨……这样的沟通是吵架的开始。家长习惯于把正面的关心和关爱变成唠叨和指责。尝试换成"我句式"。比如"我很担心你，希望你和同学能心平气和地探讨一件事"。

沟通中，用描述式语句代替评价式语句。前者是叙述事情的过程，它只关注发生的事实，而不是进行抽象的判断、定义、褒贬评价。比如，"事情的经过是这样的啊，我明白你是怎么想的了。"描述式语言几乎不用形容词。而后者则会对对方的言语、行为、态度等做出判断，给出一个评语，既包括批评也包括表扬。通常会使用形容词或贴标签式的语言，例如"你这么说话，糟透了""你真是马虎"……描述式语言表明父母更关心事情的经过和孩子的感受，鼓励孩子表达自己的情绪。它是流动的，充满变化的。而评价式语言是固态的、静止的，把孩子固化到某种评价或标签中无法自拔。

场景 01　为了讨好"朋友",总委屈自己

孩子为了获得认可和接纳,经常违背自己的意愿去迎合所谓的"朋友"。比如参与不喜欢的活动,或者放弃自己的原则。

错误语言

❌ 你怎么就这么没主见?别人让你做什么你就做什么,一点个性都没有。

❌ 那个孩子事事争先,什么都要你让着他,以后别和他玩了!

❌ 你这样讨好别人,最后受伤的还不是你自己?到最后,连自己是谁都不知道了。

原因剖析

1. 孩子太渴望被群体接纳,误将无条件顺从视为获取友情的有效途径。
2. 孩子担心因拒绝而遭到排挤或孤立。
3. 家长的"瞎指挥"对孩子没有任何帮助。
4. 强势的父母通常都会培养出弱势的孩子,具有"讨好型人格"的倾向。

正确示范

- ✓ 孩子,我理解你想要得到朋友的认可,但真正的朋友会尊重你的想法和选择,那些不尊重你的人,就不是真朋友,没有必要为了他们而改变自己。
- ✓ 如果你感到不舒服或不愿意做某件事,你有权利说"不",我们可以一起练习一下如何礼貌地说"不"。
- ✓ 真正的友谊应该是互相支持和理解的,不应该让你感到压抑或疲惫,这样的友谊放弃也不可惜。

沟通原理

1. 向孩子解释什么是真正的友谊,强调友谊应该基于相互尊重和支持。
2. 通过角色扮演等方式,教孩子如何礼貌而坚定地拒绝不合理的要求。
3. 让孩子认识到自身的独特魅力与价值所在,不必过分依赖别人来获得自己的快乐。

场景 02　总以自我为中心，要别人听他的

孩子在与同伴交往时，总是试图控制局面，要求别人听从自己的意见和决定，一旦有人反对，就会大发雷霆。

错误语言

✗ 你这样霸道，以后谁会愿意和你做朋友？
✗ 大家都是好朋友，一起好好玩，好不好？
✗ 人家为什么要听你的？你为什么就不能听人家？

原因剖析

1. 孩子在过度宠爱的环境中长大，习惯了以自己的需求为主导，导致在外面也期待得到同样的待遇。
2. 家庭中父母有一方习惯于发号施令而不注重双向沟通，孩子有样学样。

正确示范

- ✓ 当你想要别人听你的时,试着用"我觉得……",而不是命令的语气,这样别人会更愿意接受你的想法。
- ✓ 游戏里,队长和小兵都很重要,但扮演起来却完全不一样,小朋友们可以轮流担任队长和小兵,这样一来,每个人都能有两种体验。你每次都做队长,这次你去体验一下小兵,了解两种不同的感受,以后再玩这样的游戏,你才更能以理服人啊。

沟通原理

1. 用积极的方式引导孩子学会与朋友友善相处。
2. 通过角色互换练习,让孩子亲身体验不同的视角,增进对多元观点的理解,促进同理心的发展。

场景 03　和朋友闹别扭了，只会生闷气

与朋友发生争执或误会后，孩子只会生闷气，而不是主动沟通解决问题，也不表达自己的感受。

错误语言

✗ 你怎么这么小气？一点小事就生气。
✗ 你这样憋着不说出来，谁知道你怎么了？
✗ 你必须立刻和他/她说清楚，不能就这样算了。
✗ 你这样生闷气一点儿用都没有，有什么事就去当面说清楚！

原因剖析

1. 孩子缺乏有效表达情绪的技巧，不知道如何用言语来表达自己的不满。
2. 孩子担心直接表达情绪，会导致关系恶化或被他人排斥。
3. 家长既没有为孩子提供足够的情绪支持，也没有教会孩子如何处理冲突，一直在瞎出主意。

正确示范

- ✓ 看得出这件事让你挺难受的，有时候把事情说出来会让自己觉得轻松一些，你想跟我说说吗？发生了什么？你是怎么想的？
- ✓ 接下来怎么做比较好呢？我们一起来想想，有哪些方式可以帮助你们两个重新成为好朋友？
- ✓ 你做好准备跟你朋友聊一聊了吗？如果你觉得无法开口，或许可以写信给他。
- ✓ 下次如果你再遇到这样的事情，也许你可以直接说出来，这样也能避免误会。

沟通原理

1. 父母应当以理解和支持的态度，引导孩子认识和表达自己的情绪，可以使用开放式问题鼓励孩子分享感受。
2. 家长是孩子的第一任老师，我们要有意识地教给孩子解决冲突的策略，帮助他们在未来的社交互动中更加自信和成熟。
3. 鼓励孩子去思考解决问题的方法，而不仅仅是关注问题本身。

场景 04　被同学欺负了，不会反抗

孩子在学校被同学欺负，可能是言语上的嘲讽或是轻微的身体推搡，孩子没有反抗，回家后显得很沮丧。

错误语言

- ✘ 你怎么这么懦弱，这么大个子让别人欺负，也太没用了！
- ✘ 下次他们再欺负你，你就狠狠地揍回去，让他们知道你不是好惹的。
- ✘ 走，我带你去他们家，找他们家长理论去！
- ✘ 你都不知道还手吗？下次，你给我狠狠打回去，打坏了，我兜着。

原因剖析

1. 孩子不知道如何适当地反抗或表达不满。
2. 孩子缺乏自信，害怕反抗会导致更严重的后果。
3. 家长没考虑到孩子内在的真正需求，给的都是孩子做不到的建议，更让孩子觉得自己无能。

> 正确示范

- ✓ 有人欺负你，首先要确保自己的安全，如果可能，要尽量避开那个地方或那个人。
- ✓ 在公共场合，有人欺负你时，你要大声、坚定地告诉他们你不喜欢这样。我们一起来练习一下，"停下来，我不喜欢你这样做！"
- ✓ 当你感到不公或是受到伤害时，记得告诉我，任何时候，只要你需要，爸爸妈妈都会支持你，做你的后盾。
- ✓ 在学校里，爸爸妈妈不在身边，老师是可以信赖的，遇到麻烦时，你可以及时找他们帮忙。

> 沟通原理

1. 家长应采取积极，有建设性的沟通方式，既要给予孩子充分的理解和关爱，也要教给他适当的应对技巧。
2. 家长要做孩子永远的后盾和堡垒。
3. 要让孩子知道在面对欺负时，退让和寻求帮助都属于勇敢的行为，不是软弱的表现。

场景 05　对别人的批评太过敏感

老师或同学指出了孩子某方面的不足,他过于在意,长时间处于沮丧或生气的情绪中,难以释怀,甚至因此影响到了自己的学习和正常社交活动。

错误语言

✘ 别人只是提点意见,你怎么这么敏感?
✘ 这点小事也值得你这么伤心?你也太玻璃心了。
✘ 这些人就是瞧不起你,别听他们的,他们说什么都不重要。
✘ 我去找老师理论,他怎么能这么打击孩子的积极性!
✘ 下次他们再说你,你就骂回去,让他们知道你不是好惹的!

原因剖析

1. 孩子缺乏处理批评的技巧,不知道如何从批评中学习和成长。
2. 孩子对自己的能力缺乏信心,因此对批评特别敏感。
3. 家长没有教会孩子如何以健康的态度接受和处理批评,问题还是没得到解决。

正确示范

- ✓ 有些人提的意见可能是为了帮你变得更好,但也有一些人可能只是为了伤害你。我们可以一起分辨一下,哪些是好心的,哪些是恶意的,好心的,我们就积极参考,恶意的,就不用理会。
- ✓ 每一次受到批评其实也是一个成长的机会,看看你能不能从中学到什么有用的东西。
- ✓ 记住,你是独一无二的,你的价值不取决于他人的看法,你的努力、善良和才华才是最重要的。
- ✓ 如果你觉得某条批评不公平,可以用礼貌的方式表达你的立场,比如,"我明白你的观点,但我有不同的看法……"

沟通原理

1. 教会孩子客观地分辨批评的内容,区分建设性批评和无理批评。
2. 帮助孩子看到批评的积极面,将它当成学习和成长的机会。
3. 让孩子知道自己的价值不依赖于他人的评价。

场景 06 不敢在众人面前表现自己

孩子在集体活动的场合,面对众人表演节目或发表言论时,感到紧张和害羞,不敢在众人面前展示自己的才能或表达想法。

错误语言

✗ 大家都在等你呢,赶紧上去表演!
✗ 这有什么好怕的?胆子怎么那么小?
✗ 你看人家××多勇敢,你为什么就不能像人家那样落落大方一点呢?
✗ 算了,算了,不敢去就算了吧!

原因剖析

1. 孩子担心自己的表现不够好或被他人嘲笑。
2. 孩子没有足够的准备或经验,对在众人面前表现感到不安。
3. 家长没有给予足够的支持和鼓励,去帮助孩子克服在公众场合感到的恐惧,反而加深了孩子的恐惧。

正确示范

- 我知道你现在可能有些紧张,没关系,每个人都有第一次站在大家面前的经历,你觉得准备好了可以试着上台,没有准备好,咱们就等下次。
- 有时候深呼吸几次可以帮助你放松下来,也可以想象观众都是你的玩具熊,我们试一下!感觉怎么样?有没有好些?
- 无论你怎么做,妈妈都爱你。
- 我更在乎的是你能享受这个过程,而不是最后的表现是否完美。
- 就算这次没发挥好也没关系,我们可以总结一下原因,然后下次做得更好。记住,每一次尝试都是向前迈进的一步。

沟通原理

1. 在尊重孩子当前情绪的基础上,通过积极的互动和适度的挑战,帮助孩子逐渐拓展舒适区,成长为更加开朗和自信的人。
2. 为孩子提供情感上的支持,让孩子知道紧张是正常的,父母理解并支持他们。
3. 引导孩子把关注点从结果转移到过程上,让孩子明白不管结果如何,挑战自己的过程才是最重要的。

场景 07　好胜心太强，接受不了失败

孩子在比赛或竞争中表现出极强的好胜心，一旦遭遇失败，情绪就会崩溃，如愤怒、沮丧或哭泣，难以接受失败的结果。

错误语言

- ✘ 输了，你还有脸哭，赶紧反思一下吧！下次再输，我的脸都没地儿搁了。
- ✘ 输了就输了呗，这也不是什么了不得的比赛，别放在心上。
- ✘ 你怎么就这么输不起？一点挫折都接受不了。
- ✘ 好了，宝贝，别哭了，咱们去大吃一顿吧。

原因剖析

1. 孩子特别在意胜利的结果，而没有学会如何以良好的心态面对挑战。
2. 孩子缺乏处理失败和挫折的策略和经验。
3. 家长无意中通过自己的行为传达了对失败的不容忍，增加了孩子的压力。

正确示范

- 我看到你在准备比赛过程中付出了很多努力，这比比赛的结果更重要。无论结果如何，我都为你感到骄傲。
- 我理解你很想赢的心理，但失败是每个人成长的一部分。不是说"失败是成功之母"吗？我们一起探讨一下这次经历收获了什么。
- 我们一起复盘一下，分析看看哪里做得好，哪里需要改进，为下一次比赛做好准备。
- 记住，你不必每次都赢。我更在乎你努力的过程和你学到了什么，而不是结果。

沟通原理

1. 家长多用正面的、积极的语言，孩子会更自信。
2. 鼓励孩子将失败看成学习的机会，建立成长型思维。
3. 引导孩子专注于寻找解决办法而非停留在问题本身。

场景 08　常把"我不行"挂在嘴边

孩子在面对新的挑战或任务时，常常在还没尝试之前就先自我否定，说"我不行"，缺乏尝试的勇气和自信。

错误语言

- ✗ 你怎么总是这么没信心？还没试就说不行。
- ✗ 没事的，只要你努力，一定能行！
- ✗ 你为什么总是这么悲观？就不能自信一点吗？
- ✗ 好了，别再说不行了，多练练就好了！
- ✗ 我真不明白你为什么这么看不起自己。

原因剖析

1. 孩子害怕失败后被人耻笑，先给自己留条后路。
2. 孩子缺乏成功的体验，对自己的能力缺乏认识和信心。
3. 家长无意中通过言语或行为传达了对孩子能力的怀疑，影响了孩子的自我评价。

正确示范

- ✓ 让我们一起想一想，如果这件事成功了，你会有多棒！即使不成功，那也没什么大不了，你勇敢尝试了就很厉害了。
- ✓ 不管结果怎样，你愿意尝试，我都会为你感到骄傲的。
- ✓ 没关系的，熟能生巧，多试几次就会越来越顺手，就像你小时候学走路一样。
- ✓ 知道吗？很多时候，我们只有试一试才知道能不能行，就算结果不是我们想要的，至少在这个过程中，我们也是有收获的。

沟通原理

1. 强调对努力的认可，而非天生才能，有助于孩子建立基于行动而非结果的自尊体系。
2. 强调尝试的价值，让孩子明白失败也是一种学习，它可以转化为未来成功的基石，打消孩子对成败的担忧。

场景 09　遇到困难时，不会求助，只会发脾气

孩子在遇到难题或挑战时，不会虚心地寻求帮助，而是通过发脾气来表达自己的挫败感，比如扔东西、大声喊叫或者生闷气。

错误语言

- ✘ 你发脾气有什么用啊？有事不会好好说啊？
- ✘ 这点小事也值得你生气？真是小题大做！
- ✘ 好了，我来帮你搞定，以后这种事情都交给我。
- ✘ 别哭了，没什么大不了的，坚强点。
- ✘ 行了，冷静下来，告诉我到底怎么了？

原因剖析

1. 孩子觉得向别人求助是一种很无能的表现。
2. 孩子想发泄沮丧的情绪，却被家长强硬制止了。

正确示范

- ✅ 我看得出来你很难过,试着深呼吸几次,慢慢地数到十,看看是否能稍微平静一点,接下来,你能告诉我发生什么事了吗?
- ✅ 记住,每个人都会遇到困难,寻求帮助并不意味着你弱,而是你很擅长利用资源。你知道自己有哪些资源吗?
- ✅ 当你下次遇到无法解决的困难时,你可以找我们,直接说"我需要帮助"。

沟通原理

1. 亲子对话的第一步是营造一个开放而安全的氛围。
2. 教孩子一些具体而简单的交流模板,可以帮助他更有效地表达自己的需求和感受。

场景 10　不会耐心倾听别人说话

孩子在与他人交流时，常常打断别人的话，不愿意耐心听完别人的观点和想法，总是急于表达自己的看法。

错误语言

- ❌ 你怎么这么没礼貌？别人说话的时候要认真听。
- ❌ 你这样老是插嘴，别人都不想和你说话了，以后没人愿意跟你做朋友。
- ❌ 从现在开始，别人说话的时候，你必须专心听，等人家说完，你再说话，知道了吗？

原因剖析

1. 孩子习惯于成为别人注意的焦点，不习惯等待和倾听。
2. 孩子的大脑很活跃，想到了就控制不住地说了出来。
3. 孩子在家里说话时经常被家人打断，在外面渴望表达。

正确示范

✓ 我知道有时候听别人说话会觉得无聊或不耐烦，但我们还是有必要控制一下，因为当别人在说话时，耐心倾听才能更好地理解他们的想法，也能赢得他们的尊重。

✓ 从今天开始，我们每天睡前玩个小游戏，名字叫"倾听"，两人一组，当一人说话时，另一人安静地听着。5分钟时间到，再换另一人说。我们比赛看谁能坚持时间最长。

✓ 我们来做个游戏，轮流讲一个故事，另一个人要仔细听，听完要复述一遍哦，看谁复述得最准确。

✓ 记住，倾听不仅仅是礼貌，它还能帮助我们学到很多新东西。每个人都有自己的故事和观点，值得我们去倾听。

沟通原理

1. 使用威胁手段会暂时遏制孩子的行为，但并未触及行为背后的根源，且易形成依赖外部压力的行为模式。因此，威胁不如引导。
2. 给予实际的操作建议，便于孩子模仿和实践，逐步培养良好的倾听习惯。
3. 创造有趣的学习场景，既能提升孩子的兴趣，也能锻炼他的技能。

言传身教

刘 博　白雪冰 ◎ 编著

北京大学心理学专业毕业
高级家庭教育指导师

下册 | 父母行动篇

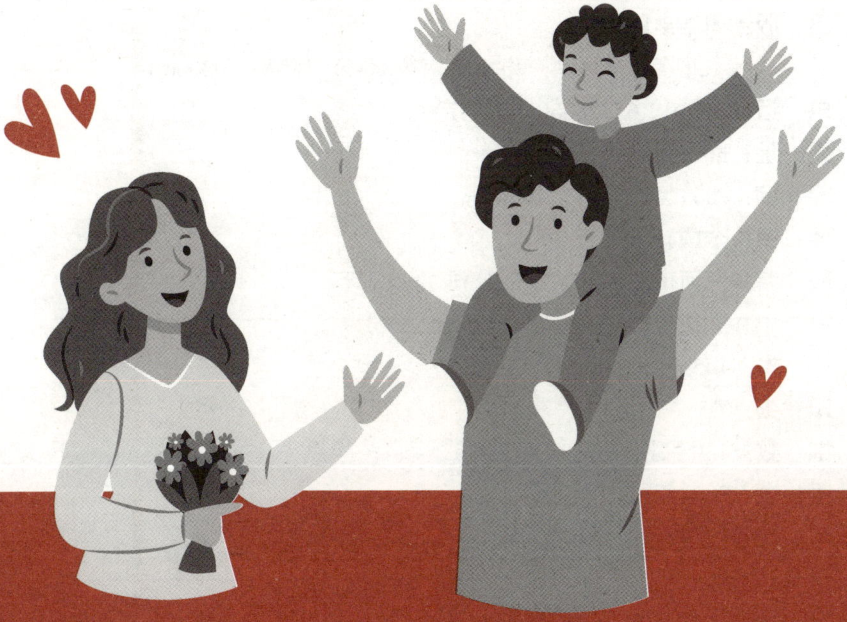

图书在版编目（CIP）数据

言传身教 . 下册 , 父母行动篇 / 刘博 , 白雪冰编著 .
北京 : 团结出版社 , 2024. 12. -- ISBN 978-7-5234
-1480-4

Ⅰ . G782

中国国家版本馆 CIP 数据核字第 20242G957C 号

出 版：	团结出版社	
	（北京市东城区东皇城根南街84号　邮编：100006）	
电 话：	（010）65228880　65244790	
网 址：	http://www.tjpress.com	
E-mail：	zb65244790@vip.163.com	
经 销：	全国新华书店	
印 装：	三河市龙大印装有限公司	

开 本：145mm×210mm　　32开
印 张：7.5
字 数：130千字
版 次：2024年12月第1版
印 次：2024年12月第1次印刷

书 号：ISBN 978-7-5234-1480-4
定 价：59.80元（全2册）
（版权所属，盗版必究）

前　言

在家庭教育中，"身教"的作用远大于"言传"，如果父母的人格很健全，即使他们没有掌握现代的教育理念和方法，孩子也会相对健康地成长，这就是无形中的"身教"的结果。"身教"通常包含两个层面：表层是孩子通过模仿来学习；深层次的是一种气场的感染，与心理学家比昂称之为的"容器"功能类似。比昂认为，心理咨询师是来访者的容器，父母是孩子的容器。如果父母有宽广如宇宙的胸怀，其孩子也必然胸襟坦荡。如果父母仅有一屋之容，其孩子也必然鸡毛蒜皮，斤斤计较。

这在家庭教育中如何体现呢？

举个小例子： 三岁的孩子摔倒了，没破皮，躺在地上哇哇大哭，估计是很疼。

妈妈反应一： 马上跑过去，不住地安慰，很是担心，反复检查哪里受伤了，反复叮嘱以后一定要小心，仿佛比自己受伤还要疼。

妈妈反应二： 过去看一眼，没啥大事，叮嘱一句，妈妈看到你摔倒了，有些疼，是不是？拥抱一下，然后就走开了。

这两类反应模式对孩子一生在多个维度有着不同的影响。最重要的是对孩子独立人格的影响，前者孩子被过度关注和安慰，再有类似危险时，他依然会用大哭大闹的方式来吸引父母的关注，长此以往，在即使没有危险时也会用哭闹的方式来吸引关注和与家长讲条件。第二种模式中，妈妈没有过度关注孩子，但是告诉孩子妈妈知道你摔倒了,代表我关注到了你,拥抱一下,代表妈妈的关心,给予及时的共情。

心理学上有个基本原理,孩子受到多大程度的伤害,就给予多大程度的关注、关心、关爱,这个要匹配。小伤害给予过度关注,就会导致孩子独立性很差,心理年龄低于生理年龄,无法顺利完成"母婴分化",即使长大了也像个"巨婴",依然只想蜷缩在那个婴幼儿阶段的"保护壳"里,不想出来。这种模式下长大的孩子,很难形成独立的人格。一个缺乏独立人格的人,日后会在人生的各个方面都会出现问题,例如:缺乏责任心、不干家务活、作业磨蹭拖拉、生活邋遢混乱、成年后与同事及爱人的关系不和谐等。当这些问题出现时,父母往往只能看到表象,头疼医头,脚疼医脚,是不会有好效果的。

好的容器不但有涵容与滋养的功能,还可以通过"身教"来给孩子的负面情绪进行削弱、"消毒",或者转化为积极的情绪。这在孩子的早期成长中尤为重要。

削弱、消毒、转化代表了三种层次和境界。

我们仍以上述例子来分析,孩子摔倒后,妈妈给予适度的安慰后,孩子的恐惧、惊吓、委屈、难过等减轻了,就是削弱了。如果能使之彻底消失,就是更进一步,进行了"消毒"处理,使之归零。那么如何使之转化为积极情绪呢?

如果家长学习过"游戏式教养方式",这也不难。上述例子中假如是一个板凳绊倒了孩子,妈妈可以安慰完孩子后拿起小板凳,对孩子说:"小板凳也磕疼了吧?咱们给小板凳也揉一揉吧(培养孩子同情心、同理心)。"揉完后:"来,咱们和小板凳一起玩一个游戏吧。"游戏内容不限,根据家长的想象力,可以玩动作类游戏(反复和板凳一起摔跤),也可以玩角色扮演游戏、过家家游戏等,让小板凳在里面发挥一定的作用,这样父母不但化解了孩子的"有毒"情绪,还将之转化为孩子的积极情绪,孩子不但不再害怕摔跤,认为这很正常,同时对未来充满好奇,激发出孩子的探索精神。

具有很好"容器"功能的父母,通过"身教"让孩子容忍挫折的能力越来越强,这进一步让孩子发展出思考的能力。借助思考,使得挫折更加可以忍受,使其人格向着"独立"更进一步,为发展其他优良品质奠定基础。

目　录

第一章　好习惯动作

01 拖拉，不愿意写作业，怎么做？ / 006
02 花钱大手大脚，没有金钱意识 / 008
03 磨蹭，总是要再等一会 / 010
04 做事没有计划，对"快点"充耳不闻 / 012
05 事事依赖家长提醒，缺乏自我管理能力 / 014
06 东西总是找不到，没有整理能力 / 016
07 沉迷手机游戏 / 018
08 不遵守安全规则，不顾自身安全 / 020
09 对学习没兴趣，总想玩 / 022
10 注意力不集中，学习不专注 / 024

第二章　好身心行动

01 遇到事情，喜欢大喊大叫 / 028
02 叛逆，事事跟父母顶撞 / 030
03 对自己的身体变化感到困惑 / 032
04 对异性产生了好感 / 034
05 受到了表扬，有点骄傲 / 036
06 被老师批评了，情绪很低落 / 038
07 参选干部落选了，很伤心 / 040
08 被同学孤立了 / 042
09 遭受暴力攻击 / 044
10 不想出门，只想在家里呆着 / 046

第三章　好学习行动

01　跟学习差的同学成了好朋友　/ 050
02　学习很吃力，担心考不上好的学校　/ 052
03　抱怨学习苦，总是发脾气　/ 054
04　说要放弃学习/辍学，破罐子破摔　/ 056
05　成绩突然下滑，很沮丧　/ 058
06　成绩进步了，不再认真学习　/ 060
07　写作业马虎应付，不认真改错　/ 062
08　不会举一反三，懒得思考　/ 064
09　只看不写，懒得动手　/ 066
10　不坚持阅读，总想偷懒　/ 068

第四章　好品性行动

01　特别固执，不听建议　/ 072
02　总是轻信陌生人，没有防范意识　/ 074
03　遇事很悲观，总是过度担心　/ 076
04　爱管"闲事"，喜欢打抱不平　/ 078
05　不愿接受弟弟或妹妹　/ 080
06　觉得爸爸妈妈偏心　/ 082
07　来客人，害羞躲在房间不出来　/ 084
08　比较懒散，家务啥都不想干　/ 086
09　偷拿家里的钱，买"没用"的东西　/ 088
10　喜欢说不文明的网络用语　/ 090

第五章　好素养行动

01 做事三分钟热度 / 094

02 盲目攀比，很虚荣 / 096

03 没有兴趣爱好，只喜欢宅在家 / 098

04 不愿意交朋友 / 100

05 不会拒绝他人 / 102

06 遇到困难，立刻就放弃 / 104

07 计划做得不错，但难以开始行动 / 106

08 做事情没有章法，也没有计划 / 108

09 遇事不喜欢动脑 / 110

10 不敢接受挑战 / 112

第一章

好习惯行动

01　拖拉，不愿意写作业，怎么做？

02　花钱大手大脚，没有金钱意识

03　磨蹭，总是要再等一会

04　做事没有计划，对"快点"充耳不闻

05　事事依赖家长提醒，缺乏自我管理能力

06　东西总是找不到，没有整理能力

07　沉迷手机游戏

08　不遵守安全规则，不顾自身安全

09　对学习没兴趣，总想玩

10　注意力不集中，学习不专注

孩子大部分习惯的最初养成和秩序敏感期息息相关。秩序敏感期按照年龄段可以分为以下几个阶段：

1—3岁：孩子的注意力重心开始由内在秩序感转向外在秩序感，对外在秩序有着近乎苛刻的要求。

3—4岁：以物质为主的秩序上升到要求对规则的遵守，这个阶段是父母培养孩子各种好习惯的一个关键时间段，也是言传身教的好时机。

5—6岁：对时空秩序感和具有美感价值的秩序感特别关注。

3—4岁出现的外部秩序敏感期促成了立规矩、培养好习惯的关键时期。这个时候给孩子立规矩，并帮助孩子遵守规矩是最容易见成效的。

然而，很多家长错过了这个敏感期。经常事事包办，或者在孩子犯错时缺乏鼓励，而是经常指责和训斥。结果是孩子的部分能力被阉割，做事情的积极主动性受挫，从而出现做事磨蹭拖拉、没有计划，不愿干家务活、事事依赖家长等现象。

人格的逐渐独立是养成各种好习惯的基本前提。从儿童发展的心理学角度看，如果家长对孩子的本能需要过分满足或纵容，会导致孩子在进入更高阶段时心理仍处于低阶段，不愿意发展出与生理年龄相应的能力。只有孩子意识到自己是一个独立的、有自主权的人，他才会去对自己负责，包括养成各种好习惯。这需要父母敢于放手，敢于去做一个"60分的妈妈"，而不是一个追求完美的妈妈。

场景 01　拖拉，不愿意写作业，怎么做？

> 写作业拖拖拉拉，不愿意下笔。
> 一会儿玩橡皮，一会儿看书，一会儿喝水，一会儿听歌……
> 熬到夜深犯困了，还没有写完，家长和孩子都崩溃了。

错误行动

❌ 打骂，命令。
❌ 一旁做自己的事，想起来过来瞧一眼。
❌ 夜深了，还没有完成，大吼大叫，不让孩子睡觉……

原因剖析

1. 想好好写，但控制不住自己。
2. 不会写，感觉很吃力，又很害怕父母催促、打骂。

正确示范

- ✓ 要事第一,让孩子每天回家第一件事就写作业,养成好的习惯。
- ✓ 过程中,及时指导、辅导、提醒。提醒做题策略。
- ✓ 布置好环境。
- ✓ 态度和善,语气坚定。

行动原理

1. 从一开始就要帮孩子养成好习惯。
2. 多帮助多协助,及时辅导,多参与。
3. 情绪是影响每个人做事情的动机的重要因素,情绪好才会做得好,家长要保护好孩子对学习的热情,及时鼓励。一味批评和指责只会把孩子推向厌学的方向。

场景02 花钱大手大脚，没有金钱意识

> 逛商场看到什么买什么，不考虑是否真正需要。
> 和同学攀比，同学买啥也要跟着买更好的。
> 没钱就瞒着父母向老人要零花钱。

错误行动

- ✗ 严厉批评，完全限制孩子的零用钱。
- ✗ 不给予任何解释，直接没收孩子的所有金钱。
- ✗ 每次购物后都责备孩子，不停唠叨大人挣钱不容易。

原因剖析

1. 孩子觉得同学都有，为什么我不能有。
2. 孩子觉得父母不给买，根本就是不爱我，小气。
3. 没有建立合理的零花钱制度。

正确示范

- ✓ 带孩子去爸妈工作或者其他的工作场合参观,让他理解金钱得来不易。
- ✓ 组织家庭会议,商定孩子的零用钱额度,并教导孩子如何规划使用。父母要养成每月或者每周固定时间给孩子零花钱的好习惯,从幼儿园做起,既能缓解乱买东西的矛盾,又能培养孩子的理财观念和独立性。
- ✓ 引导孩子记录收支,养成良好的消费习惯。

行动原理

1. 培养孩子的金钱意识,让其理解金钱来之不易。
2. 通过实践教育,让孩子学会如何合理规划和支配金钱。
3. 鼓励孩子做出明智的消费决策,培养其责任感。

场景 03　磨蹭，总是要再等一会

孩子做什么都磨蹭，总要说"再等一会儿"。

早上要赖一会儿床，叫他吃饭要等一会儿，让他回家要等一会儿，喊他做作业，也要等一会儿。

非要等家长反复催促才勉强开始。

错误行动

- ✗ 不停地催促孩子或用负面后果威胁他们。
- ✗ 直接强制孩子立即行动。
- ✗ 有时放任，有时严格，执行规定的态度前后不一致。

原因剖析

1. 孩子觉得当前的任务无趣或者困难，因此倾向于拖延。
2. 家长的反复催促反而让孩子产生了逆反心理，更加不愿意行动。
3. 家长的行为没有保持一致，让孩子觉得有讨价还价的空间。
4. 孩子对时间的时长没有具体的概念。

正确示范

- 耐心和孩子沟通，搞清楚他为什么会说"等一会儿"，是否有什么困扰或担忧，然后一起寻找解决问题的方法。
- 明确地告诉孩子需要做什么，何时做，以及为什么这样做。
- 选择合适的时机，不干预孩子的行为，让他承担磨蹭的自然后果。
- 发现孩子有不磨蹭的行为时，及时给予正面肯定。
- 买回不同时长的沙漏，通过做游戏，或在具体场景中计时，来培养孩子的时间观念。

行动原理

1. 提前设定目标、做好任务规划，让孩子学会自我管理。
2. 给予孩子一定的自主权，让他自己做决策，激发他做事的内在动力。
3. 家长可以利用正向强化的原则，即通过肯定和奖励孩子及时行动的行为，来逐渐减少他说"等一会儿"的频率。同时，避免使用过多的惩罚，以免引起逆反心理。

场景 04　做事没有计划，对"快点"充耳不闻

孩子做事没有计划，家长一直催"快点做"，他就当没听到。

经常拖延到最后一刻才开始匆忙做。

结果，着急上火，手忙脚乱，还是做不好，甚至错过了截止时间。

错误行动

- ✗ 过分强调孩子的失败，如总是批评他们未能按时完成任务，这会导致孩子陷入情绪内耗中，进而回避承担新的任务，影响自信心和积极性。
- ✗ 家长插手孩子的事情，替他们做规划并时时监督，剥夺了孩子自我管理的机会，久而久之，孩子就失去了制定计划和管理时间的动力和技能。
- ✗ 在孩子错过截止日期或迟到时，只会翻旧账或者责备他们，而不提供解决方案。

原因剖析

1. 孩子没有做规划的经验和能力，家长也不知道引导。
2. 家长没有做好"课题分离"，理清哪些是家长该做的事，哪些是孩子该做的事。

> 正确示范

- ✓ 清晰地告知孩子你对其行为的具体期望是什么。例如，每天晚上9点前完成作业。
- ✓ 引导孩子从最终目标倒推，制定简单的计划，并落实到纸面上。
- ✓ 木已成舟、结果无法更改的时候，心平气和地与孩子复盘，引导他从中吸取经验教训。

> 行动原理

1. 目标设定的第一原则就是明确性，要确保目标清晰明确，避免模糊不清或含糊不详。
2. 在催促、监督孩子前，确保孩子有进行目标分解、规划的能力，并能灵活使用相应的工具。
3. 父母要永远与孩子站在一条战线上，而不是因为一件事就把孩子推开。

场景 05　事事依赖家长提醒，缺乏自我管理能力

孩子在日常生活中总是依赖家长的提醒来完成各种任务，比如起床、做作业、准备上学等。

没有家长的提醒，孩子往往会忘记或者拖延，导致生活和学习上的混乱。

错误行动

✗ 家长不断地提醒和催促孩子，导致孩子形成了依赖性。

✗ 家长在孩子忘记事情时立即提供帮助，失去了让孩子自己承担后果的机会。

✗ 家长没有设定明确的规则和边界，让孩子明白制定规划、自我管理的重要性。

原因剖析

1. 孩子没有意识到自我管理的重要性，习惯于依赖家长。
2. 家长过度保护，没有给予孩子足够的空间去学习自我管理。
3. 孩子缺乏自我管理的技能和工具，不知道如何开始。

正确示范

- ✓ 开始时，家长可以给予必要的提醒，但要逐渐减少频率，鼓励孩子依靠自己去改进。
- ✓ 家长可以和孩子一起制定日常任务清单，例如作业完成时间、家务分配、起床及睡觉时间等，让孩子自己跟踪进度。
- ✓ 家长应该设定明确的规则和边界，让孩子清楚认识到自己的事情自己办，如自己整理书包，如果忘记带作业，父母是不会跑到学校给他送去的。
- ✓ 家长可以教授孩子时间管理的技巧，如使用日程表、设定优先级等。

行动原理

1. 不要"一刀切"，而是逐步减少孩子的依赖。
2. 自然后果是一个强大的教师，能教会孩子责任感和时间管理的重要性。
3. 自如使用工具和技巧，能增强孩子自我管理的信心和能力。

场景 06　东西总是找不到，没有整理能力

孩子经常找不到自己的物品，如衣服、文具、玩具等。

房间和书桌总是乱七八糟，每次需要某样东西时，都要花费大量时间寻找，严重影响了学习和生活效率。

错误行动

- ✗ 家长替孩子收拾一切，导致孩子没有机会学习如何整理。
- ✗ 家长在孩子找不到东西时立即提供帮助，却不教导他们如何避免这类事情发生。
- ✗ 家长对孩子的杂乱无章表现出不耐烦，却从来不提供解决方案。

原因剖析

1. 孩子没有意识到整理的重要性，或者不知道如何开始。
2. 家长没有帮助孩子养成良好的整理习惯，或者没有教授有效的整理方法。
3. 孩子没有把东西放回原位的意识，随手乱扔东西，整理后很快又变得杂乱。

> 正确示范

- ✓ 教会孩子如何分辨必需品和非必需品,以及何时该舍弃不再使用的物品。定期清理物品,只保留真正需要的东西,避免积累过多杂物。
- ✓ 与孩子一起商定关于整理的家规,比如每天睡前整理床铺、饭后清理桌面等。让孩子参与规则的制定,可以增强他们遵守规定的意愿。
- ✓ 鼓励孩子每天花几分钟时间整理自己的物品,使之成为日常生活的一部分。这个习惯一旦养成,将会大大节省找寻物品的时间。
- ✓ 可以将整理变成有趣的游戏,比如设定"寻宝任务",要求孩子在限定时间内找出特定的物品,完成后给予奖励,这样可以在游戏中培养整理技能。
- ✓ 家长可以为孩子提供合适的收纳工具,如书架、抽屉分隔器等,帮助他们更好地收纳物品。可以为孩子指定特定的地方存放玩具、书籍、衣物和其他个人用品。

> 行动原理

1. 通过共同制定计划和实际操作,帮助孩子学习整理技能。
2. 通过定期的整理活动,培养孩子的责任感和自我管理能力。
3. 通过提供合适的工具和环境,使整理变得容易和有趣。

场景 07　沉迷手机游戏

孩子一有时间就拿起手机玩游戏,对学习和其他活动失去兴趣。

并且孩子只会因为游戏中的成就而兴奋,在现实生活中显得无精打采,甚至在家庭聚会或与朋友交往时也心不在焉。

错误行动

❌ 强行没收手机或禁止玩游戏,不与孩子沟通,直接切断他们与游戏的联系。

❌ 忽视问题,认为孩子长大后自然会失去对游戏的兴趣。

❌ 用游戏作为奖励,比如"如果你完成作业,就可以玩一小时游戏",加剧孩子对游戏的渴望。

原因剖析

1. 孩子在游戏中找到了归属感和成就感,而在现实生活中缺乏这样的体验。
2. 家长没有对孩子给予足够的关注和支持,导致孩子在虚拟世界中寻求满足。
3. 孩子缺乏自我控制能力,无法抵御游戏的诱惑。

> **正确示范**

✓ 与孩子进行开放式和理解性的对话，了解他们为什么喜欢玩游戏，并探讨游戏之外的其他兴趣和活动。

✓ 一起制定规则，比如游戏时间的限制、在完成学业和家务后才能玩游戏等，帮助孩子建立自我管理的能力。可以使用智能设备的限定时长功能，来限定每周使用的总时长和每个具体 APP 的使用时长，来减少父母和孩子之间直接的冲突。

✓ 提供替代活动的建议，如户外运动、兴趣班、家庭游戏等，以减少孩子对手机游戏的依赖。

> **行动原理**

1. 通过沟通和理解，帮助孩子找到游戏之外的满足感和成就感。
2. 通过设定规则和界限，培养孩子的自我控制能力和时间管理技能。
3. 通过提供有趣的替代活动，减少孩子对手机游戏的过度依赖，促进其注意力逐渐回归到现实生活中。

场景 08 不遵守安全规则,不顾自身安全

孩子在日常生活中常常忽视安全规则。

如在街上玩耍时不注意车辆,或者在没有成人监督的情况下擅自下水游泳。

他们可能因为追求刺激和冒险而忽视了潜在的危险,让家长很担忧。

错误行动

✗ 过度保护,不让孩子参与任何可能存在风险的活动,致使孩子没有机会学习如何评估和管理风险。

✗ 忽视孩子的危险行为,没有及时进行纠正或教育,让孩子误认为这些行为是可以接受的。

✗ 在孩子违反安全规则后,只是简单地惩罚,而没有解释原因和后果,致使孩子没有真正理解安全的重要性。

原因剖析

1. 孩子缺乏对潜在危险的认识,不了解某些行为可能导致的严重后果。
2. 孩子因为同伴压力或竞争心理而冒险行事,试图证明自己的勇敢或能力。
3. 家长没有为孩子树立良好的安全榜样,或者没有明确地传达安全规则的重要性。

正确示范

- ✓ 与孩子一起讨论和学习安全规则,让他们了解不同情况下的潜在风险和正确的行为准则。
- ✓ 通过角色扮演或模拟活动,让孩子实践如何在紧急情况下保证安全,如火灾逃生演练或交通安全避险模拟。
- ✓ 为孩子树立榜样,展示在日常生活中如何遵守安全规则,如正确佩戴安全带、遵守交通信号。

行动原理

1. 通过教育和讨论,提高孩子对安全风险的认识和理解,使其能够做出更明智的决策。
2. 通过实践和模拟,加强孩子的安全技能和自我保护能力,让其在面对危险时能够迅速反应。
3. 通过家长的榜样作用和一致性的规则执行,培养孩子的责任感和对自身及他人安全的关注。

场景 09　对学习没兴趣，总想玩

> 孩子对学习缺乏热情，总是把玩放在首位。作业应付完成，课堂上不认真听讲，对待学习的态度很消极，更愿意花时间在游戏和娱乐上。

错误行动

- ✗ 完全禁止孩子玩耍，试图通过剥夺娱乐时间来强迫其学习，导致孩子的反抗和抵触。
- ✗ 对孩子的学习成果期望过高，而忽视了其兴趣和努力，导致孩子感到压力过大而更加厌恶学习。
- ✗ 只用学习成绩来评价孩子，忽视了其他优点和成就，让孩子觉得自己只有成绩好才能得到认可。

原因剖析

1. 孩子没有找到自己的兴趣所在，对学校的课程不感兴趣。
2. 学习过程中缺乏成功体验，导致孩子对学习失去信心和动力。
3. 家庭和学校环境过于强调成绩，而忽视了培养孩子的探索精神和创造力。

> **正确示范**

- ✓ 与孩子一起探索兴趣爱好,尝试将这些兴趣与学习内容相结合,使学习变得更有趣。比如孩子喜欢恐龙、太空或是绘画,那么就可以围绕这个兴趣点展开相关的学习活动。
- ✓ 设定合理的学习目标和期望,鼓励孩子在学习过程中不断取得小成就,增强其自信心。
- ✓ 将学习融入游戏或其他有趣的活动中。比如,通过数学游戏提升算术能力,用角色扮演的方式学习历史事件,或是在户外探险中学习自然科学。这种方式可以让学习变得更生动、更有吸引力。

> **行动原理**

1. 通过兴趣驱动学习,可以提高孩子的学习动力和参与意愿。
2. 合理的期望和积极的反馈可以增强孩子的自我价值感,从而激发其学习热情。
3. 多样化的学习方式可以满足不同孩子的学习需求,帮助其找到最适合自己的学习方法。

场景 10　注意力不集中，学习不专注

孩子在学习时容易分心，无法长时间集中注意力在书本或作业上。

在阅读时不断走神，或者在做作业时频繁被周围的事物所吸引，导致学习效率低下。

错误行动

- ✘ 一味地要求孩子增加学习时间，试图通过延长学习时长来提高学习效果，结果让孩子感到疲惫和厌倦。
- ✘ 在孩子学习时提醒其集中注意力，反而会进一步削弱其专注力。
- ✘ 忽视孩子遇到的学习困难，单纯地将注意力不集中归咎于孩子的态度问题，这会让孩子感到挫败。

原因剖析

1. 孩子没有掌握有效的学习技巧，如时间管理和任务分解，导致面对复杂任务时感到不知所措。
2. 学习环境充满干扰，使得孩子难以静下心来学习。
3. 孩子存在一些未被识别的学习障碍，如注意力缺陷多动障碍（ADHD），这影响了其专注能力。
4. 绝大部分孩子天生都有很好的专注力，父母错误的教养方式破坏了孩子的专注力，例如在"细节敏感期"时幼儿喜欢长时间地玩一个玩具，或者做一件大人看起来枯燥的事情，或者长时间观察一样东西（比如小蚂蚁），这时父母要允许孩子去做，而不要制止。

正确示范

- ✓ 教导孩子时间管理和任务规划的技巧,帮助他们将大任务分解为小步骤,从简单的事情做起,逐步完成。教给孩子番茄工作法:专注于一项任务25分钟,然后休息5分钟。这种方法有助于维持高效率,同时防止疲劳累积。
- ✓ 确保孩子的学习空间安静、整洁、光线充足,远离电视、手机等潜在干扰源。一个专门用于学习的空间有助于孩子形成专注的心流状态。
- ✓ 如果怀疑孩子有学习障碍,及时寻求专业的评估和支持,及时干预。

行动原理

1. 有效的时间管理和任务规划可以帮助孩子建立可实现的学习目标,从而提高专注力。
2. 一个适宜的学习环境可以减少外部干扰,帮助孩子更好地集中注意力。
3. 识别和解决潜在的学习障碍可以增强孩子的学习自信,提高他们的学习效率和专注能力。

第二章
好身心行动

01　遇到事情，喜欢大喊大叫

02　叛逆，事事跟父母顶撞

03　对自己的身体变化感到困惑

04　对异性产生了好感

05　受到了表扬，有点骄傲

06　被老师批评了，情绪很低落

07　参选干部落选了，很伤心

08　被同学孤立了

09　遭受暴力攻击

10　不想出门，只想在家里呆着

本章我们聚焦两个要点：一是教会孩子情绪管理，二是关注解决问题。心理学研究表明：孩子的问题主要是情绪问题。发脾气是孩子的本能，会调节是本领。家庭是孩子学习情绪管理的第一个学校，父母是孩子学习情绪管理的老师。

管理情绪的第一步是教会孩子表达情绪。首先父母要学会倾听，不打断、不插话、不指责、不纠正。其次是父母要学会接纳孩子的各种情绪：我可以接纳你的情绪，但不接受你的（逾越底线的）行为！最后才是管理：帮助孩子找到情绪的出口。如和朋友聊天、写日记、画画、玩各种游戏（如：枕头大战、撕纸条等）、看景色、听音乐、运动等。

当孩子出现较大的负面情绪时，有一个简单却行之有效的方法——拥抱，这可以促使大脑合成多巴胺，产生开心、愉悦的情感体验。只有在亲子关系和谐的情况下，父母才有可能对孩子实施教育。当然，父母需要优先处理好自己的情绪，才能很好地与孩子沟通。

当情绪问题解决了，接下来，你就可以和孩子一起寻求解决问题的方法，并将其付诸行动。

场景 01　遇到事情，喜欢大喊大叫

孩子在遇到不顺心的事情时，容易情绪激动，通过大喊大叫来表达自己的不满。

这种行为可能在家中、学校或与同伴交往时发生，让周围的人感到困扰。

错误行动

- ✘ 用更大的声音回应孩子的喊叫，试图用音量压制孩子，这会加剧冲突。
- ✘ 立即让步，满足孩子的一切要求以停止喊叫，这会让孩子认为大喊大叫是一种有效的手段。
- ✘ 忽视孩子的情绪爆发，认为孩子只是在寻求关注，而不给予适当的回应，这会让孩子感到被忽视。

原因剖析

1. 孩子还没有学会更成熟的应对策略来处理挫折和不满。
2. 孩子无法准确表达自己的感受，因此通过喊叫来吸引注意。
3. 家庭环境中存在类似的情绪表达方式，孩子模仿了家长或其他成年人的行为。

正确示范

- ✓ 教导孩子更健康地表达情绪的方式，如使用"我很伤心（难过、委屈……）"的句式来描述自己的感受。
- ✓ 为孩子树立良好的情绪管理榜样，展示如何在压力下保持冷静和理智。
- ✓ 在孩子情绪稳定后，与其进行对话，讨论触发情绪的原因和可能的解决方案。
- ✓ 陪孩子玩动作类或发泄类游戏，疏泄孩子的负面情绪，使其释放多余的精力，同时能改善亲子关系。

行动原理

1. 情绪表达的教育可以帮助孩子学会识别和管理自己的情绪，减少激烈的情绪爆发。
2. 家长的情绪管理示范可以为孩子提供学习的机会，帮助其模仿和内化情绪管理的方法。
3. 通过对话和讨论，可以增强孩子解决问题的能力，让其学会以更建设性的方式应对挑战。

场景 02 叛逆，事事跟父母顶撞

孩子在成长过程中表现出明显的叛逆行为，经常与父母的意见相抗衡，不愿意听从指导和建议。

无论是关于日常作息、学习计划还是生活习惯，孩子总是倾向于顶撞父母，导致家庭关系紧张。

错误行动

✘ 用权威压制孩子，强迫他们服从，这会加剧孩子的反抗情绪。

✘ 忽视孩子的个人意愿和感受，一味强调父母的权威和经验，这会让孩子感到被剥夺了自我表达的权利。

✘ 在每次争执后都采取惩罚措施，而不是试图理解孩子行为背后的原因，这会让孩子感到不被理解。

原因剖析

1. 孩子正处于青春期或者前青春期，寻求独立性和自我认同，因此对父母的指导产生抵触。
2. 家庭成员之间存在沟通障碍，孩子感到自己的意见和感受没有被认真对待。
3. 孩子缺乏有效的解决冲突和沟通的技巧，因此通过顶撞来表达自己的立场。

正确示范

- ✓ 与孩子进行开放和平等的对话,尊重其意见,共同讨论问题和解决方案。
- ✓ 鼓励孩子表达自己的观点和感受,同时教导其如何以更成熟的方式提出不同意见。
- ✓ 在冲突发生时,保持冷静,尝试从孩子的角度理解情况,避免立即做出反应。
- ✓ 包容孩子对自己权威的挑战和抗议。

行动原理

1. 尊重和倾听孩子的意见,可以增强孩子的自尊心和自信心,使其感到被家庭接纳和理解。
2. 教导孩子有效的沟通技巧,可以帮助其以更建设性的方式处理分歧和冲突。
3. 理解、包容、接纳孩子,给足孩子安全感,能减少其对抗行为。

场景 03 对自己的身体变化感到困惑

> 随着孩子的成长,他们的身体开始经历一系列的变化,如生长突增、第二性征的出现等。
>
> 这些变化有时会让孩子感到困惑、自卑或害怕,尤其是当其感觉自己与同龄人不同,或者对这些变化缺乏理解时。

错误行动

- ✘ 家长规避谈论身体变化的话题,认为孩子长大后自然会明白,导致孩子更加孤独和困惑。
- ✘ 对孩子的担忧和恐惧不予理会,认为这只是一时的情绪波动,结果使得孩子感觉被忽视。
- ✘ 用嘲笑或否定的方式来回应孩子的担忧,反而加剧孩子的自卑感和恐惧。

原因剖析

1. 孩子缺乏关于青春期身体变化的正确知识和信息,因此对这些变化感到不安。
2. 媒体和社会对青春期的理想化描述会让孩子对自己的发育速度和方式产生压力。
3. 孩子担心自己的身体变化会影响社交关系和同伴的接受度。
4. 家长的不作为,让孩子觉得孤立无援。

> **正确示范**

✓ 提供适当的教育资源，如书籍、视频或专家讲座，帮助孩子了解青春期的身体变化是正常的生理过程。

✓ 开放地与孩子讨论其担忧和感受，提供支持和安慰，让其知道这些感受是普遍和正常的。

✓ 鼓励孩子参与体育活动和社交活动，增强其自信心和自我接纳。

> **行动原理**

1. 提供准确的信息可以帮助孩子理解自己的身体，减少困惑和恐惧。
2. 通过开放的沟通，家长可以建立孩子的信赖感，让孩子知道自己不是独自面对这些变化。
3. 增强孩子的自信心和自我接纳，帮助其更好地适应身体的变化，减少自卑感。

场景 04　对异性产生了好感

孩子开始对异性产生好感，这可能表现为对某个同学或朋友的特别关注，或者对异性的身体和情感特征产生好奇。

这种好感会让孩子感到兴奋、害羞或困惑，尤其是当其不知道如何表达或处理这种新的情感时。

错误行动

- ✗ 轻视或嘲笑孩子的感受，认为这只是一时的迷恋，这会让孩子对自己的情感感到羞耻。
- ✗ 过度干预或禁止孩子与异性交往，这会让孩子感到被束缚，甚至产生逆反心理。
- ✗ 忽视孩子的性教育，避免讨论与异性交往相关的情感和身体变化，这会导致孩子缺乏必要的知识和自我保护能力。

原因剖析

1. 孩子缺乏关于情感发展和性教育的知识，因此对这些新感受感到不确定。
2. 社会和媒体对恋爱关系的理想化描述，让孩子对自己的情感体验产生不切实际的期望。
3. 孩子担心自己的感受不被接受，或者担心与异性交往会影响学业或其他生活方面。

> **正确示范**

- ✓ 开展适当的性教育,包括情感发展、人际关系和身体变化的知识,帮助孩子建立健康的情感观念。
- ✓ 鼓励孩子表达自己的感受,并提供指导和支持,让其知道这些情感是正常的成长过程的一部分。
- ✓ 设定合理的界限和规则,教导孩子如何在尊重自己和他人的前提下与异性建立健康的交往关系。

> **行动原理**

1. 提供全面的性教育可以帮助孩子建立正确的情感和身体认知,减少困惑和焦虑。
2. 通过支持和鼓励,家长可以帮助孩子建立自信,学会处理与异性交往中可能遇到的情感问题。
3. 设定界限和规则可以引导孩子学会负责任地处理情感和人际关系,保护其身心健康。

场景 05　受到了表扬，有点骄傲

孩子在学习、体育或其他活动中表现出色，受到了老师、教练或家长的表扬。

随着表扬的增多，孩子开始出现骄傲的情绪，可能会在同伴面前炫耀，或者对他人的努力和成就不够尊重，或者不肯再继续付出努力。

错误行动

- ✗ 过度夸大的表扬，不断强调孩子的成就，这会加剧孩子的自负心理。
- ✗ 忽视孩子骄傲的行为，不对其进行适当的引导，这会导致孩子形成不良的人际交往习惯。
- ✗ 只关注孩子的成就而忽视努力过程，这会让孩子认为只有成功才能获得认可。

原因剖析

1. 孩子缺乏对成功和失败的全面理解，认为只有获得表扬才是成功。
2. 孩子在寻求家长和同伴的认可，因此对表扬特别敏感。
3. 孩子还没有学会如何以谦逊的态度接受表扬，以及如何欣赏他人的成就。
4. 父母平时没有注重对孩子内驱力的培养。

> **正确示范**

- ✓ 表扬孩子的努力和进步,而不仅仅是成就,让孩子明白成长的过程同样重要。
- ✓ 与孩子讨论谦逊的重要性,教导其在获得表扬时如何保持谦逊,并对他人的努力表示尊重。
- ✓ 鼓励孩子设定更高的目标,并为实现这些目标继续努力,从而转移对当前成就的过度关注。

> **行动原理**

1. 强调努力和进步的表扬可以帮助孩子建立成长心态,认识到成功是一个持续的过程。
2. 教导孩子谦逊和尊重他人的价值,可以培养同理心和良好的社交技能。
3. 鼓励孩子设定目标并继续努力,可以帮助其保持动力,同时避免因一时的成功而自满。

场景 06　被老师批评了，情绪很低落

孩子在学校因为作业、课堂表现或某些行为受到了老师的批评，备受打击。

孩子感到沮丧和失落，开始怀疑自己的能力，对自己的价值感到不确定，甚至会对上学产生抵触情绪。

错误行动

❌ 忽视孩子的感受，认为老师的批评是对孩子好，不需要特别关注，这会让孩子感到孤独和不被理解。

❌ 过度同情孩子，与孩子一起批评老师，这会削弱孩子对权威的尊重和学习责任感。

❌ 立即为孩子辩解或试图改变老师的看法，这会让孩子逃避面对自己的问题。

原因剖析

1. 孩子对自己的期望很高，老师的批评让其感到自己没有达到预期，从而产生挫败感。
2. 孩子缺乏处理批评和挫折的经验，不知道如何从失败中吸取教训并前进。
3. 孩子担心这次批评会影响自己在同伴中的形象或未来的学业评价。

> **正确示范**

- ✓ 保持冷静，不急于责怪。给孩子一个倾诉的空间，认真聆听他们的感受而不打断，这样的倾听能够让孩子感受到理解和支持。
- ✓ 强调犯错是学习过程的一部分，讨论这次经历收获了什么，以后遇到类似情况应该怎么做。帮助孩子区分具体的批评内容（事实）与他们对此的反应（感受）。这有助于孩子更客观地看待事情，减少过度解读。
- ✓ 教孩子如何面对批评和挑战。提醒孩子，一个人的价值不仅仅取决于他人的评价，赞美其优点和过去的成绩，帮助重建自信。
- ✓ 适当时可以与老师交流，表达希望老师能以建设性的方式提供建议的愿望。这样可以让孩子感觉到父母是站在他这一边的，获得更多的安全感。

> **行动原理**

1. 倾听和共情可以帮助孩子感到被支持，减少沮丧感，增强自信心。
2. 通过分析和理解被批评的原因，可以让孩子学会承担责任，并将批评视为成长的机会。
3. 强调学习和成长的重要性，可以帮助孩子建立面对挑战和失败的韧性。

场景 07　参选干部落选了，很伤心

孩子在学校参加了学生干部的竞选，但最终没有当选。这个结果让孩子感到非常失望和伤心。

开始质疑自己的能力，感到在同学面前抬不起头来，甚至对未来的尝试和挑战产生恐惧。

错误行动

- ❌ 告诉孩子落选是因为运气不好或者评选不公，归咎于外部因素会阻碍孩子从经历中学习和成长。
- ❌ 忽视孩子的感受，认为这只是一次小挫折，不需要特别关注，结果让孩子感受到不被理解，对父母很失望。
- ❌ 过度保护孩子，避免让其参与未来的竞选或竞争，结果剥夺了孩子面对挑战和克服困难的机会。

原因剖析

1. 家长只关注结果，不关注孩子在过程中做出的努力，致使孩子对自己的表现不满意。
2. 孩子过度在意他人的眼光和评价。
3. 孩子在成长过程中很少获得积极的鼓励和恰当的表扬，以至于产生自卑、退缩心理。

> 正确示范

- ✓ 确认和理解孩子的感受,给予同情和支持,同时鼓励他们从这次经历中找到可以学习和成长的地方。
- ✓ 与孩子一起分析落选的可能原因,帮助他们理解过程中的每一个环节,并探讨如何改进。
- ✓ 强调失败是成功之母,鼓励孩子从这次经历中学习成长,增强适应力和韧性,为未来的挑战做好准备。

> 行动原理

1. 确认和理解孩子的感受,让其感受到被支持,减少挫败感,增强自信心。
2. 通过分析和理解落选的原因,孩子从中可以学会从失败中吸取教训,并将这次经历视为成长的机会。
3. 强调学习和成长的重要性,帮助孩子建立面对挑战和失败的韧性,鼓励继续尝试和努力。

场景 08　被同学孤立了

孩子发现自己在课间活动中被孤立了,朋友们不再邀请他参加聚会或活动。

这让孩子感到孤独、沮丧,觉得自己不值得,也没有办法赢得别人的喜欢,甚至生出不想上学的念头。

错误行动

❌ 简单地告诉孩子"只要你不在乎,就没有人能孤立你",忽视了孩子的真实感受和社交需求。

❌ 立即指责孩子的性格或行为,认为他们一定是做错了什么才导致被孤立,加剧孩子的自责和痛苦。

❌ 忽略孩子的求助,认为这只是小孩子之间的暂时冲突,很快就会过去,让孩子感到无助和被忽视。

原因剖析

1. 孩子无意中触犯了社交规则或群体中的某个不成文规定,导致被同伴排斥。
2. 孩子在社交技能上存在不足,如沟通能力、同理心或冲突解决能力,这影响了他们与同伴的关系。
3. 孤立可能是由于误解或谣言引起的,孩子不知道如何去澄清或处理这些情况。
4. 家长的忽视让孩子愈发觉得孤立无援。根据多年的临床咨询经验,容易感到被孤立的孩子,除去少数是确实有客观因素外,大多数都是自身性格因素或者原生家庭中的教养因素引起的。

正确示范

- ✓ 倾听孩子的诉说,给予共情和支持,让他们知道感到孤独和伤心是正常的,他们并不孤单。
- ✓ 与孩子一起探讨可能的原因,帮助他们理解孤立并非完全是他们的错,也可能是因为群体动态的复杂性。
- ✓ 鼓励孩子参与课外活动或兴趣小组,以发展新的友谊和社交网络,同时提升自己的社交技能。
- ✓ 多维度培养孩子的自信心,当一个人足够自信时,是不会被孤立的,或者以前自认为被孤立的事情,换个角度看待就能发现其积极的一面。
- ✓ 多参加户外运动和体育锻炼,人只要出汗,大脑就会分泌多巴胺,人就会变得积极乐观,就会有更多的同学愿意与之交往。

行动原理

1. 倾听和共情可以使孩子感到被理解,减少他们的孤独感,增强他们的安全感。
2. 通过探讨和理解孤立的原因,孩子可以学会从更广阔的视角看待问题,减少自我责备。
3. 参与新的社交活动可以帮助孩子建立新的友谊,同时提高他们的社交能力和自信心。

场景 09　遭受暴力攻击

　　孩子在学校不幸遭受了同学的身体攻击，这种突如其来的暴力行为让孩子感到疼痛、害怕和困惑。
　　他们可能对自己的安全感到担忧，对学校环境的信任感受到冲击，甚至对与同学的互动产生恐惧。

错误行动

- ✗ 告诉孩子要"打回去"，传递出以暴制暴的错误信息，可能会导致孩子的暴力行为。
- ✗ 忽视孩子的受伤感受，认为这只是孩子们之间的小打小闹，不足以大惊小怪。
- ✗ 责怪孩子"惹事"，认为他们一定是做了什么才招致攻击，这种指责会让孩子感到自责和无助。

原因剖析

1. 攻击者在处理自己的情绪或冲突时缺乏适当的方法，孩子无缘无故中枪。
2. 孩子无意中触犯了攻击者的界限，或者被误解为挑衅，导致对方采取攻击行为。
3. 家长主张"打回去"，而孩子性格比较软弱的话，他做不到，会更无措。
4. 家长的忽视和误解会让孩子产生"有事不能跟家长说"的想法。

正确示范

- ✓ 立即关注孩子的身体状况和情绪反应，提供安慰和支持，确保孩子的安全和健康。
- ✓ 与孩子一起讨论这次事件，鼓励他们表达自己的感受，同时探讨如何避免未来类似事件的发生。
- ✓ 与学校老师和管理人员沟通，确保学校采取适当的措施来处理这次攻击行为，包括对攻击者的适当教育和惩戒。

行动原理

1. 关注和安慰可以使孩子感到被支持，减少他们的恐惧和不安，增强他们的安全感。
2. 通过讨论和表达，孩子可以学会处理复杂的情绪和冲突，提高他们的应对能力。
3. 学校的介入和处理可以确保学习环境的安全和公正，同时传递出暴力行为不被容忍的明确信息。

场景 10　不想出门，只想在家里呆着

比起外出游玩或交际，孩子更愿意留在家里做自己的事情。

孩子对外界的活动失去兴趣，更喜欢独自在家玩游戏、看电视或者发呆。家长为他们的社交能力发展和身心健康捏了一把汗。

错误行动

- ✗ 强迫孩子出门参加活动，不考虑他们的感受和需求，让孩子产生抵触情绪。
- ✗ 完全放任孩子的行为，不探究背后的原因。
- ✗ 批评孩子的行为，称他们为"宅"或"孤僻"，伤害了孩子的自尊心，加剧他们的逃避行为。

原因剖析

1. 孩子在学校或社交场合遇到了困难，如欺凌、社交焦虑或学习压力，导致他们更愿意逃避现实。
2. 孩子对某些家庭内的活动特别感兴趣，或者在家里感到更舒适和安全。
3. 孩子缺乏足够的社交技能或自信，更倾向于远离人际交往。
4. 有些孩子天生内向、不喜动。

正确示范

- ✓ 与孩子进行开放和非评判性的对话,了解他们不想出门的原因,是否有什么特定的担忧或问题。
- ✓ 鼓励孩子参与他们感兴趣的活动,无论是在家里还是外面,以增加他们的参与感和乐趣。
- ✓ 逐步引导孩子参与社交活动,从小规模或一对一的互动开始,帮助他们建立自信和社交技能。

行动原理

1. 理解孩子的感受和需求可以使其建立对家长的信任,让孩子感到被尊重和理解。
2. 通过参与感兴趣的活动,孩子可以发现乐趣,从而增加他们对外界活动的兴趣。
3. 逐步引导和支持可以帮助孩子提升社交技能和自信,鼓励他们逐渐扩大社交圈。

第三章

好学习行动

01　跟学习差的同学成了好朋友

02　学习很吃力，担心考不上好的学校

03　抱怨学习苦，总是发脾气

04　说要放弃学习/辍学，破罐子破摔

05　成绩突然下滑，很沮丧

06　成绩进步了，不再认真学习

07　写作业马虎应付，不认真改错

08　不会举一反三，懒得思考

09　只看不写，懒得动手

10　不坚持阅读，总想偷懒

埃里克森关于人的成长八阶段研究表明，孩子在6～12岁（学龄期）的主要任务是解决"勤奋与自卑"之间的矛盾，这个阶段孩子主要任务是在学校学习、适应社会、掌握生活所必需的知识和技能。如果他们能顺利地完成，就会获得勤奋感，愿意去努力和付出，这使他们在今后的独立生活和工作中充满信心。反之，则会深陷各种障碍、困惑，产生自卑感。

所以，对于儿童，保护好孩子对学习的热情和信心，远远比成绩要重要得多。

一个对学习有热情有兴趣的孩子，在学习过程中离不开家长和老师的鼓励。心理学研究表明，对孩子鼓励和批评的比例控制在4:1或5:1左右，最有利于激发孩子学习的热情和激情。在学习上，鼓励指看到孩子在学习过程中付出的辛劳、做出的努力。鼓励的关键是关注正面，即使再糟糕的情况也有值得称赞的地方。鼓励常用的几种方式有：

描述式鼓励：用白描的语言把看到的说出来即可，"我看到、我注意到……"清晰描述孩子值得鼓励的行为；

感谢式鼓励：感谢孩子付出的行动，"谢谢你……"；

赋能式鼓励：依据孩子因付出努力而有所收获，"我相信你……"对孩子有信心，给孩子力量。

心理学家克莱因说："存在等于被感知。"这句话同样适用于孩子在学习上的感受。

场景 01　跟学习差的同学成了好朋友

孩子在学校与学习成绩差的同学成了好朋友，经常在一起玩，还非常珍视这段友谊。

这引起了家长和老师的担忧，担心同学会影响孩子的学习。

错误行动

- ✗ 直接告诉孩子不要和学习差的同学交朋友。
- ✗ 试图通过奖励或惩罚来控制孩子的交友选择。
- ✗ 直接找到学习差的同学，威胁对方远离自己的孩子。

原因剖析

1. 孩子因为共同的兴趣、性格相投或其他非学业因素与这位同学建立了友谊。
2. 孩子在这段友谊中得到了支持和快乐。
3. 孩子更看重的是人与人之间的情感联系，而不是学习成绩。

> **正确示范**

- ✓ 与孩子进行开放的对话,了解他们为什么喜欢和这位同学做朋友,以及这段友谊对他们的积极影响。
- ✓ 鼓励孩子在友谊中互相支持和鼓励,包括在学业上的互助,以及在其他领域的共同成长。
- ✓ 教育孩子理解和尊重每个人的不同,包括学业成绩的差异,并强调友谊的价值在于相互的尊重和支持。

> **行动原理**

1. 开放的对话可以帮助家长了解孩子的想法和感受,增强亲子之间的信任和理解。
3. 鼓励孩子在友谊中互相支持可以促进他们在学业和其他方面的共同进步。
3. 教育孩子尊重和理解多样性,可以帮助他们建立更为成熟和包容的人际关系观。

场景 02　学习很吃力，担心考不上好的学校

孩子在学习上遇到了困难，感觉跟不上课程的进度，作业和考试让他感到压力重重。

他担心自己的学习成绩不足以考上理想的学校，这种焦虑影响了他的学习动力和情绪状态，出现了失眠、抑郁等问题。

错误行动

❌ 忽视孩子的担忧，一味地强调只要足够努力就能解决问题。

❌ 过度强调考试成绩和升学的重要性，给孩子增加额外的压力，导致他们更加焦虑。

❌ 批评孩子的学习方式或能力，打击了孩子的自信心，致使孩子对学习产生更多的抵触情绪。

原因剖析

1. 孩子缺乏有效的学习方法或时间管理技巧，导致学习效率不高。
2. 父母的高期望，让孩子产生了压力。
3. 孩子对自己要求严苛，学习上遇到困难，使得自信心受到打击。
4. 任何一个班级总有学习好的和学习差的，有些孩子天生不擅长学习，或者不适应中国的填鸭式教育方式，但是他们有其他擅长的领域。

> **正确示范**

- ✓ 与孩子进行沟通，了解他们在学习上遇到的具体困难，一起探讨可能的解决方案。
- ✓ 提供或寻找额外的学习资源和辅导，如家教、在线课程或学习小组，帮助孩子提高学习效率。
- ✓ 鼓励孩子设定短期和长期的可实现目标，庆祝他们的每一个小进步，增强他们的自信心。
- ✓ 如果孩子不是学习那块料，没必要非逼着学习，条条大路通罗马，人生不是只有一条路。我们在临床咨询中接待了大量的类似家庭，父母把孩子逼成了抑郁症或者极端叛逆的人。

> **行动原理**

1. 通过沟通和理解，家长可以为孩子提供情感支持，减轻他们的学习压力。
2. 额外的学习资源和辅导可以帮助孩子克服学习障碍，提高他们的学习表现，给他们挑战的信心。
3. 设定可实现的目标和庆祝进步可以增强孩子的成就感，激励他们继续努力。

场景 03　抱怨学习苦，总是发脾气

孩子经常抱怨学习是一件苦差事，他们对学校的课程和作业感到不满，在家里经常因为学习问题而发脾气。

这种情绪的爆发影响到家庭的氛围，也让家长感到无奈和担忧。

错误行动

- ✘ 简单地告诉孩子"学习本来就是苦的"，导致孩子产生抵触情绪。
- ✘ 对孩子的情绪发泄不予理会，认为这只是他们暂时的情绪波动，不需要特别关注。
- ✘ 用惩罚的方式来应对孩子的脾气，导致孩子产生更多的逆反情绪，而不是解决问题。

原因剖析

1. 孩子感到学习压力过大，缺乏有效的压力释放途径。
2. 孩子没有找到适合自己的学习方法，导致学习效率低下，从而感到沮丧。
3. 孩子对自己的学习成绩有较高的期望，但现实中的困难让他们感到焦虑和无力。

正确示范

- ✓ 倾听孩子的抱怨,理解他们的感受,与他们一起探讨学习中遇到的具体问题和挑战。
- ✓ 鼓励孩子表达自己的情绪,并教导他们更健康的应对压力的方法,如进行体育活动、艺术创作或其他兴趣爱好。
- ✓ 与孩子一起制定合理的学习计划和目标,帮助他们提高学习效率,同时确保他们有足够的休息和娱乐时间。

行动原理

1. 倾听和理解可以让孩子感到被支持,减少他们的孤独感和挫败感。
2. 教导孩子健康的情绪表达和管理技巧,可以帮助他们更好地应对压力和挑战。
3. 合理的学习计划和目标可以帮助孩子感到更有控制感和成就感,减少因学习困难而产生的脾气。

场景 04　说要放弃学习/辍学，破罐子破摔

孩子因为长期的学业困难、缺乏动力或者对未来的迷茫而表示想要放弃学习，甚至提出辍学的想法。

这种态度让家长极度担忧，担心孩子的未来和发展。

错误行动

- ✗ 立即情绪化地反应，对孩子进行严厉的训斥或打骂，进一步加剧孩子的抵触情绪，疏远与家长的关系。
- ✗ 忽视孩子的声明，认为这只是一时的气话，不予以重视。
- ✗ 单纯地用未来的职业成功来施压，强调没有学历就无法成功，让孩子感到更加无助和压力重重。
- ✗ 把孩子赶出家门，直言不学习就去打工挣钱。

原因剖析

1. 孩子经历了连续的失败，导致他们对学习失去了信心和兴趣。
2. 孩子感到当前的教育体系不适合他们，或者他们的兴趣和才能没有得到认可和培养。
3. 孩子对未来的职业规划感到迷茫，不知道学习的意义和目的。

> **正确示范**

- ✓ 保持冷静，与孩子进行深入的对话，了解他们想要放弃学习的真正原因，以及他们的感受和想法。
- ✓ 探讨孩子的兴趣爱好和潜在的职业道路，帮助他们找到学习与未来目标之间的联系。
- ✓ 寻求专业的教育咨询或心理咨询，为孩子提供必要的支持和指导，帮助他们克服学习上的困难。

> **行动原理**

1. 深入的对话可以帮助家长理解孩子的内心世界，建立信任和支持的关系。
2. 探讨兴趣和职业规划可以激发孩子的学习动力，让他们看到学习的长远意义。
3. 专业咨询可以为孩子提供个性化的解决方案，帮助他们重建自信，找到适合自己的学习路径。

场景 05　成绩突然下滑，很沮丧

孩子在最近的考试或测验中成绩出现了明显的下降，这让他们非常沮丧。

他们开始怀疑自己的学习能力，对自己的未来感到担忧。这种情况会影响到孩子的自信心和学习动力。

错误行动

✗ 责怪孩子不够努力或者分心，加剧孩子的自责和沮丧情绪。
✗ 简单粗暴地打骂，逼迫孩子用加倍时间去学习。

原因剖析

1. 孩子在学习方法、时间管理等方面遇到了困难。
2. 孩子因为个人问题（如健康问题、家庭问题或社交问题）而分心，影响了学习表现。
3. 孩子对自己的期望过高，成绩下滑让他们感到巨大的压力和失望。

正确示范

- ✓ 与孩子进行开放和支持性的对话，了解他们对成绩下滑的感受，并一起探讨可能的原因。
- ✓ 鼓励孩子反思自己的学习过程，识别可以改进的地方，并制定具体的改进计划。
- ✓ 提供或寻找额外的学习资源和辅导，如家教、学习小组或在线教程，帮助孩子提高学习效率。

行动原理

1. 支持性的对话可以帮助孩子感到被理解，减少他们的孤独感和沮丧情绪。
2. 鼓励孩子反思和制定改进计划可以增强他们的自我监控和自我调节能力，帮助他们从挫折中学习。
3. 提供额外的学习资源和辅导可以帮助孩子克服学习障碍，提高他们的学习能力，重建自信。

场景 06　成绩进步了，不再认真学习

随着成绩的改善，孩子开始放松对自己的要求，不再像之前那样认真学习。

家长会注意到孩子在家做作业的时间减少了，或者对学习的态度变得漫不经心。

错误行动

❌ 立即收回之前对孩子的鼓励和奖励，认为他们已经取得了进步，不再需要额外的激励。

❌ 冷嘲热讽，对孩子进行打击教育。

❌ 过度干预孩子的学习，试图通过施加压力来迫使他们重新认真学习。

原因剖析

1. 孩子认为既然成绩已经提高，就不需要再那么努力，产生了松懈的心态。
2. 孩子缺乏长期的学习目标和动力，对于学习的深层次价值和意义认识不足。
3. 孩子对于如何维持和进一步提升学习成绩感到迷茫，不知道接下来该如何做。

> **正确示范**

- ✓ 与孩子进行沟通，肯定他们之前的努力和取得的成绩，同时讨论持续学习的重要性和长远目标。
- ✓ 鼓励孩子设定新的、具有挑战性的学习目标，帮助他们保持学习的动力和兴趣。
- ✓ 教导孩子如何有效地管理时间和平衡学习与休闲，培养他们自我监控和自我激励的能力。

> **行动原理**

1. 积极的反馈可以增强孩子的自信心，同时讨论长期目标可以帮助他们保持学习的方向和动力。
2. 设定新目标可以让孩子看到学习的连续性，激发他们继续努力的兴趣。
3. 培养自我管理能力可以帮助孩子学会如何自主学习，为未来的学术和职业成功打下基础。

场景 07　写作业马虎应付，不认真改错

> 孩子在写作业时显得心不在焉，只追求速度，马虎写完就交差，导致作业屡屡犯错，对错误也不认真改正。
>
> 这种态度导致他们在学习上的漏洞越来越多，成绩难以提升。

错误行动

- ✘ 对孩子的作业错误进行严厉批评，结果打击了孩子的学习积极性。
- ✘ 手把手带孩子改正所有错误，让孩子形成依赖心理，不利于培养他们的自我检查和修正能力。
- ✘ 忽视孩子的作业质量，只关注是否完成，放任他们马虎的态度继续发展。

原因剖析

1. 孩子缺乏对作业重要性的认识，认为写作业只是应付老师的任务。
2. 孩子没有掌握有效的学习方法，导致他们在改正错误时感到困难和挫败。
3. 孩子因为作业量大或难度高而感到力不从心，从而采取应付的态度。

> 正确示范

- ✓ 与孩子一起检查作业,指出错误,并引导他们自己找出原因和解决办法。
- ✓ 鼓励孩子在完成作业后自己进行检查,培养他们的自主学习能力和责任感。
- ✓ 设定合理的作业时间,帮助孩子合理安排学习计划,减少他们的焦虑感。

> 行动原理

1. 共同检查作业并提供指导可以增强孩子的学习信心,帮助他们理解错误并掌握正确的学习方法。
2. 鼓励自我检查可以提高孩子的自主学习能力,让他们对自己的学习负责。
3. 合理的学习计划和时间管理可以减轻孩子的学习压力,提高他们的学习效率和作业质量。

场景08　不会举一反三，懒得思考

孩子在解决学习中的问题时很被动，不愿意主动思考，面对类似的问题时难以做到举一反三。

他们满足于表面的理解，不想深入探究和扩展知识，这种学习态度影响了他们的分析能力和创新思维的发展。

错误行动

- ✗ 单纯地增加作业量或难度，试图通过刷题促使孩子举一反三，让孩子感到更加沮丧和抵触。
- ✗ 忽视孩子的思考过程，只关注答案的正确与否，这让孩子觉得自己的努力没有被认可。
- ✗ 过度依赖标准答案和教科书，限制孩子探索和创新的空间，这会抑制他们的好奇心和创造力。

原因剖析

1. 孩子缺乏有效的思维训练，没有形成系统的思考模式。
2. 孩子因为之前的学习经历中，尝试思考后未能得到正面反馈，从而对思考产生消极态度。
3. 孩子对于学习内容缺乏兴趣，他们不愿意投入精力去深入思考。

> **正确示范**

- ✓ 通过讨论和提问的方式引导孩子思考,激发他们的好奇心,鼓励他们提出问题和探索答案。
- ✓ 设计有趣的学习活动和游戏,让孩子在轻松愉快的氛围中练习思考和应用知识。
- ✓ 鼓励孩子参与小组讨论和项目,通过合作学习培养他们的交流和协作能力,同时增强他们的思考动力。

> **行动原理**

1. 引导式提问可以激发孩子的思考兴趣,帮助他们建立起探索和解决问题的信心。
2. 有趣的学习活动可以增强孩子的学习动力,使他们在享受学习的过程中自然地锻炼思维能力。
3. 合作学习环境可以为孩子提供多元化的视角和想法,促进他们的创新思维和批判性思维能力的发展。

场景09　只看不写，懒得动手

孩子在学习时倾向于阅读和观察，但不愿意动手做笔记或实际去解答。

这种习惯影响他们对知识的深入理解和应用能力。

错误行动

✗ 简单地责备孩子懒惰，没有深入了解他们不愿意动手的原因，让孩子感到被误解和贬低。

✗ 过度监督和指导孩子的每一个动作，不给孩子足够的自主空间去尝试和犯错，影响孩子发展自主学习的能力。

原因剖析

1. 孩子没有意识到动手写对于加深理解和应用知识的重要性。
2. 孩子觉得看懂了就是掌握了。
3. 孩子不愿意花费更多的时间在做笔记上，想尽快完成后去做自己感兴趣的事。

> **正确示范**

- ✓ 与孩子讨论动手写的重要性,比如帮助加深理解和记忆、可以发现被忽略的细节等。
- ✓ 鼓励孩子在学习过程中做笔记,将阅读的内容通过自己的语言重新组织和表达,增强他们的理解和记忆。

> **行动原理**

1. 帮助孩子理解动手写的价值,激发他们的内在动力。
2. 鼓励做笔记和自我表达可以增强孩子的思考和总结能力,帮助他们更好地吸收和应用知识。

场景 10 不坚持阅读，总想偷懒

孩子在阅读任务面前总是缺乏持之以恒的动力，他们可能在开始时表现出一定的兴趣，但很快就失去耐心，转而寻找更轻松或更有趣的事情来做。

这种偷懒的行为导致他们在阅读理解和词汇积累方面的欠缺。

错误行动

- ✘ 强迫孩子长时间阅读，不考虑他们的注意力集中能力，导致孩子对阅读产生反感。
- ✘ 忽视孩子的兴趣和阅读偏好，只是按照自己的意愿或学校的要求安排阅读材料，让孩子感到阅读是一种负担。
- ✘ 对孩子的阅读进度和理解程度不闻不问，只是机械地要求他们完成阅读任务，让孩子感到自己的努力没有得到认可。

原因剖析

1. 孩子没有找到自己真正感兴趣的阅读材料，导致他们对阅读缺乏内在的动力。
2. 孩子缺乏有效的阅读策略和技巧，导致他们在阅读过程中感到困难和挫败。
3. 孩子因为日常生活中的干扰和诱惑太多，难以静下心来坚持阅读。

> **正确示范**

- ✓ 与孩子一起选择他们感兴趣的书籍,以提高他们的阅读积极性,并鼓励他们探索不同的阅读领域。
- ✓ 教授孩子有效的阅读技巧,如预测、提问、总结等,帮助他们提高阅读理解能力。
- ✓ 设定固定的阅读时间,减少干扰,创造一个有利于阅读的环境,帮助孩子养成阅读习惯。

> **行动原理**

1. 选择感兴趣的阅读材料可以激发孩子的好奇心和探索欲,使阅读成为一种享受而非任务。
2. 掌握有效的阅读技巧可以提高孩子的阅读效率和理解深度,增强他们的学习成就感。
3. 固定的阅读时间和良好的阅读环境可以帮助孩子减少干扰,更容易进入阅读状态,从而养成良好的阅读习惯。

第四章

好品性行动

01　特别固执，不听建议

02　总是轻信陌生人，没有防范意识

03　遇事很悲观，总是过度担心

04　爱管"闲事"，喜欢打抱不平

05　不愿接受弟弟或妹妹

06　觉得爸爸妈妈偏心

07　来客人，害羞躲在房间不出来

08　比较懒散，家务啥都不想干

09　偷拿家里的钱，买"没用"的东西

10　喜欢说不文明的网络用语

《改变心理学的40项研究》中，有一项"不同环境下长大的双胞胎的跟踪研究"表明，一个人性格的几十种属性中平均约有50%来自于遗传，另一半来自于后天环境的影响。知道这点后，父母要更加包容和接纳各种没有违背基本法律和道德底线的所谓"坏品行"，如内向、害羞等。

后天因素中，一个孩子的好品性离不开父母的榜样示范力量。孩子言行一致的基本前提是父母言行一致，如果父母言传大于身教，孩子必定会表面一套背后一套。如，父母严禁孩子说脏话，可自己却把脏话变成口头禅，那么孩子听到的和看到的不一样，他通常也会通过模仿而满嘴脏话。

场景 01　特别固执，不听建议

孩子在面对家长或老师提出的建议时表现出特别的固执，他们坚持自己的想法和做法，不愿意考虑其他可能性。

这种固执的态度会限制他们从他人经验中学习和成长的机会。

错误行动

❌ 强行灌输自己的观点，试图通过权威迫使孩子接受建议，结果引起孩子的反抗和抵触。

❌ 因为孩子的固执而放弃提供指导，认为他们不会改变，导致孩子错失改进和学习的机会。

❌ 在孩子固执己见时进行讽刺或嘲笑，伤害孩子的自尊心，进一步加剧他们的固执。

原因剖析

1. 孩子因为自我意识强烈，对自己的判断过于自信，不愿意接受外界的意见。
2. 孩子缺乏从不同角度看问题的能力，难以理解为何需要改变自己的想法。
3. 孩子担心接受建议意味着承认自己的不足，从而影响自我形象。

> **正确示范**

- ✓ 与孩子进行平等的对话，表达你对他们想法的理解和尊重，同时温和地提出你的观察和建议。
- ✓ 提供新闻、书籍、身边日常等多渠道的同类案例，帮助孩子看到不同选择的可能结果，增强他们的决策能力。
- ✓ 鼓励孩子参与决策过程，让他们感受到自己的观点被重视，同时学会考虑其他选项。

> **行动原理**

1. 平等和尊重的对话可以增强孩子的合作意愿，使他们更愿意倾听和考虑不同的意见。
2. 具体的案例可以帮助孩子客观地评估不同选择的结果，提高他们的批判性思维能力。
3. 参与决策过程可以让孩子感到自己的意见被尊重，同时学习如何平衡个人意愿和他人建议。

场景 02　总是轻信陌生人，没有防范意识

孩子在与陌生人交往时往往缺乏必要的警惕性，比如，轻易地相信陌生人的话，接受陌生人的礼物，跟随陌生人离开安全的环境，把自己的隐私透露给网络上的朋友。

家长担心这种行为会使孩子面临潜在的安全风险。

错误行动

❌ 过度保护孩子，不给他们任何与陌生人互动的机会，导致孩子的社交能力发展受到限制。

❌ 只是简单地告诉孩子"不要相信任何人"，这种一概而论的警告会造成孩子对社会的恐惧。

❌ 忽视对孩子进行适当的安全教育，认为孩子还小，不需要了解社会的复杂性。

原因剖析

1. 孩子由于天性善良和对世界的信任，而没有意识到潜在的危险。
2. 孩子缺乏对陌生人意图进行判断的经验和能力，不知道如何识别不安全的情况。
3. 孩子还没有建立起自我保护的意识和能力，不知道在面对陌生人时如何保护自己。

正确示范

- ✓ 通过故事、角色扮演等方式教育孩子如何识别可疑行为，以及在遇到陌生人时应该采取怎样的行动。
- ✓ 与孩子一起制定明确的安全规则，如不与陌生人单独离开，不接受陌生人的礼物等，并解释这些规则背后的原因。
- ✓ 鼓励孩子在遇到不确定的情况时，向家长或可信赖的成人寻求帮助，培养他们的警觉性和求助能力。

行动原理

1. 通过生动的教育方式可以帮助孩子更好地理解和记住安全知识，提高他们的警觉性。
2. 明确的安全规则可以为孩子提供具体的指导，帮助他们在面对陌生人时知道如何行动。
3. 培养求助能力可以增强孩子在遇到潜在危险时的自我保护能力，减少安全风险。

场景 03 遇事很悲观，总是过度担心

孩子在面对生活中的挑战和困难时，常常表现出悲观的态度，他们过度担心事情的结果，即使在情况并不糟糕时也难以保持乐观。

这种过度的担忧会影响他们的日常生活和心理健康。

错误行动

✗ 无视孩子的担忧，认为这只是他们一时的情绪波动，不需要特别关注，结果让孩子觉得自己的感受被忽略。

✗ 对孩子的悲观情绪进行批评或嘲笑，试图用负面的方式促使他们变得乐观，会加剧孩子的自卑感和无助感。

✗ 过度保护孩子，试图为他们解决所有问题，反而会削弱他们面对挑战和解决问题的能力。

原因剖析

1. 孩子缺乏应对挑战的经验和信心，导致他们对未知的结果感到恐惧。
2. 孩子在成长过程中接收了过多的负面信息，导致他们形成了悲观的思维模式。
3. 孩子没有学会有效的压力管理技巧，因此在面对困难时感到无所适从。

正确示范

- ✓ 与孩子进行开放和共情的对话,了解他们的担忧,并一起探讨解决问题的方法。
- ✓ 教导孩子积极思考的技巧,如感恩练习、正念冥想、渐进式肌肉松弛练习等,帮助他们改变悲观的思维模式。
- ✓ 引导孩子从不同角度看问题,帮助他们识别事情的积极方面,或者思考最坏情况下的应对方案,减少恐惧感。
- ✓ 鼓励孩子参加团队活动或与朋友交往,培养健康的社交网络,通过同伴的支持和正面影响改善孩子的情绪状态。

行动原理

1. 开放的对话可以使孩子感到被理解和支持,减少他们的孤独感和焦虑。
2. 积极思考的技巧可以帮助孩子建立更乐观的心态,提高他们应对挑战的能力。
3. 同龄人的支持能让孩子在面对困难时更有力量和信心。

场景04 爱管"闲事",喜欢打抱不平

孩子具有很强的正义感,喜欢介入他人之间的冲突或不公事件中,试图帮助解决问题或维护公正。虽然这种品质在很多情况下是值得赞扬的,但过度介入他人的私事有时会导致不必要的麻烦,甚至可能让孩子陷入危险。

错误行动

- ✘ 嘲笑或批评孩子的行为,称他们为"爱管闲事",打击孩子的正义感和同情心。
- ✘ 完全不加指导,任由孩子随意介入他人争端,进一步使得孩子在处理复杂情况时缺乏必要的判断力。
- ✘ 过度保护孩子,不允许他们参与任何可能涉及冲突的情况,限制他们社会责任感的发展。

原因剖析

1. 孩子因为天生具有强烈的正义感和同情心,希望帮助他人解决问题。
2. 孩子在学校或家庭中接受了关于公平和正义的教育,因此更倾向于介入不公事件。
3. 孩子缺乏对复杂社会关系的理解,不清楚何时应该介入,何时应该保持距离。

正确示范

- ✓ 认可并赞赏孩子想要帮助他人和维护公平的愿望，肯定其积极的一面。
- ✓ 教导孩子如何在保持正义感的同时，学会尊重他人的隐私和自主权，以及如何评估情况，学会判断是否需要第三方介入。
- ✓ 鼓励孩子参与组织或活动，如志愿者服务或社区项目，让他们在有指导的环境中实践正义。

行动原理

1. 强化孩子的道德观念，让他们明白自己的价值观是正确的。
2. 教导评估技巧可以让孩子在保持正义感的同时，学会在复杂的社会环境中做出明智的决策。
3. 有指导的实践活动可以让孩子在安全的环境中发展他们的社会责任感，同时学习如何有效帮助他人。

场景 05　不愿接受弟弟或妹妹

家中新增了弟弟或妹妹,孩子对此感到不适应,他们可能会表现出嫉妒、排斥或者冷漠的态度,导致家庭氛围很紧张。

错误行动

✘ 无视孩子的感受,认为他们最终会接受新的家庭成员,让孩子感到被忽视和孤立。

✘ 强迫孩子立即接受弟弟或妹妹,不给他们适应和调整的时间,加剧孩子的抵触情绪。

✘ 指责孩子不懂事,被宠坏了,将所有的注意力和资源都转移到弟弟或妹妹身上,让孩子感到被忽视和遗弃。

原因剖析

1. 孩子担心弟弟或妹妹会分散父母对他们的关爱和注意,从而产生不安全感。
2. 孩子对突然的角色变化感到困惑,不知道如何作为哥哥或姐姐与弟弟或妹妹相处。
3. 孩子还没有发展出足够的同理心,难以理解弟弟或妹妹的需求,不适应家庭的变化。

正确示范

- ✓ 在二胎出生前，提前与大宝进行深入交流，解释即将发生的变化，让他/她参与到准备过程中，如挑选宝宝用品、阅读关于兄弟姐妹的书籍，增加期待感。
- ✓ 让孩子参与到照顾弟弟或妹妹的过程中，如帮助选择衣物或玩具，以增强他们的参与感和责任感。
- ✓ 给大宝制定一个专属于他的"特殊时光"，每天选定一段固定时间，如晚饭后一小时，父母专门陪伴大宝玩耍，让他/她感受到自己依然是父母深爱的宝贝。一些重大或特殊的日子，如生日或儿童节等，更应专注于大宝。
- ✓ 绝不对两个孩子进行对比，避免任何可能导致竞争或不公平感的话语，如"为什么不能像弟弟妹妹那样听话？"等。

行动原理

1. 开放的对话可以帮助孩子表达和理解自己的感受，减少他们的焦虑和不安。
2. 参与照顾过程可以让孩子感到自己是家庭的重要成员，增强他们对弟弟或妹妹的积极情感。
3. 保证对大孩子的关注时间可以强化他们与父母之间的联系，帮助他们适应新的家庭结构。

场景 06　觉得爸爸妈妈偏心

孩子在家庭中感到父母对待自己和兄弟姐妹的态度不一致，认为自己受到了不公平的对待，导致孩子产生嫉妒、不满或者被忽视的情绪，影响家庭和谐和孩子的心理健康。

错误行动

❌ 否认孩子的感受，认为他们的想法是无理取闹，这会让孩子感到自己的情感被忽视。

❌ 与孩子争论，试图证明父母没有偏心，从来没试过站在孩子的角度了解他的感受和担忧，加剧孩子的不信任感。

❌ 忽视孩子的感受，继续按照自己认为公平的方式行事，导致孩子感到被边缘化。

原因剖析

1. 孩子因为年龄、性格或能力的差异而感到父母对待他们的方式不同，从而产生偏心的误解。
2. 孩子在某些情况下确实感受到了不公平的对待，但缺乏表达和沟通的渠道。
3. 孩子缺乏对父母决策背后原因的理解，因此将差异性对待误解为偏心。
4. 父母自认为一视同仁，其实还是有偏心。

> **正确示范**

- ✓ 主动找时间和孩子坐下来谈话，询问他们为什么会感到被忽视或偏待，认真聆听他们的感受和观点，不要打断或辩驳，而是表示理解。
- ✓ 对所有子女一视同仁地分配家庭资源和注意力，例如时间、礼物、表扬和批评标准等，尽可能公开透明，避免引起误会。
- ✓ 向孩子说明每个人都是独特的都有不同的兴趣、需求和优势，强调自己对每个孩子的爱是平等的，只是表达方式可能因人而异。
- ✓ 确保每个孩子都能享有单独和父母相处的时间，这有助于加强一对一的关系，也让每个孩子感觉到自己的特别和重要。
- ✓ "合作式教养方式"，比如吵架了，父母不去区分对错，而是让所有人共同承担后果。

> **行动原理**

1. 倾听孩子的心声和确认孩子的感受有助于建立信任，让孩子感到被尊重和理解。
2. 解释和沟通可以帮助孩子理解家庭中的不同需求和父母的决策过程，减少误解。

场景 07　来客人，害羞躲在房间不出来

家中有客人来访时，孩子因为害羞或担心要与客人交流而选择躲在自己的房间。这种行为可能会让客人觉得孩子不礼貌，同时也让家长感到尴尬。

错误行动

❌ 强迫孩子立即出来见客人，不顾他们的害羞和不适，结果加剧孩子的紧张和抵触情绪。

❌ 在客人面前批评孩子的行为，试图通过羞耻感促使他们出来见客人，从而伤害了孩子的自尊心。

❌ 完全放任孩子躲避客人，不提供任何支持或引导，让孩子错过学习社交技能的机会。

原因剖析

1. 孩子缺乏与成人交流的经验，不知道如何开始对话或交谈。
2. 孩子对自己的社交能力缺乏信心，担心在客人面前出丑。
3. 孩子对客人感到陌生，不知道如何表现出友好和礼貌。

> **正确示范**

- ✓ 在客人到来之前，与孩子进行沟通，告诉他们客人来访的信息，并讨论他们可以如何礼貌地打招呼和交流。可以在家里玩"接待客人"的游戏，让孩子在无压力的环境中练习问候和简单的交谈。
- ✓ 鼓励孩子先与客人简短交流，然后给予他们空间，让孩子在自己感到舒适的时候逐渐增加互动。如果客人有与孩子相似的兴趣爱好，可以借此机会鼓励孩子分享，以此为契机引导孩子加入对话。
- ✓ 可以先邀请孩子熟悉的亲友做客，慢慢扩大范围至较陌生的朋友，让孩子在安全、熟悉的环境下逐渐习惯有外人在场。

> **行动原理**

1. 提前沟通可以帮助孩子做好心理准备，减少他们的紧张和焦虑。
2. 鼓励和支持可以增强孩子的自信心，让他们感到在社交场合中被理解和支持。
3. 由熟人过渡到陌生人，能给孩子信心，逐步突破自我。

场景 08　比较懒散，家务啥都不想干

孩子很懒散，对于家务活儿缺乏积极性，经常推脱或忽视家长分配的家务任务。这种态度可能会影响家庭的日常运作，同时也不利于孩子责任感和自理能力的培养。

错误行动

- ✘ 无条件地为孩子代劳所有家务，以保证家庭环境的整洁和日常运作，让孩子形成依赖性，不珍惜家长的劳动。
- ✘ 对孩子懒散的行为进行严厉的批评和指责，结果引起孩子的反感，甚至产生逆反心理。
- ✘ 忽视孩子懒散行为背后可能的原因，只是简单地将问题归咎于孩子的性格。

原因剖析

1. 孩子没有意识到参与家务的重要性，不了解家务是家庭成员共同的责任。
2. 孩子缺乏做家务的技能和经验，对于完成家务感到困难或不自信。
3. 孩子没有得到足够的鼓励和正面反馈，导致他们缺乏参与家务的动力。

正确示范

✓ 与孩子一起讨论家务的重要性，明确每个家庭成员的责任，共同制定家务分工计划，并根据孩子的年龄设定合适的家庭任务，确保任务既有挑战性又可实现，避免设置过高目标造成挫败感。

✓ 详细讲解每项家务的具体步骤，确保孩子知道怎么做，提供必要的工具和培训，减少孩子的畏难情绪，使其能够体验到完成任务的成就感。

✓ 把家务变成一种集体活动，如全家人一起参与打扫卫生或者准备晚餐，增加趣味性，同时增强家庭凝聚力。

行动原理

1. 讨论和共同制定计划可以让孩子感到自己是家庭决策机制的一部分，增强他们的责任感和参与感。
2. 分配适当的家庭任务和提供指导可以帮助孩子建立自信，提高他们的技能，培养其独立性。

场景 09　偷拿家里的钱，买"没用"的东西

孩子在没有征得家长同意的情况下，偷偷拿走家里的钱去购买他们认为有趣但家长可能认为"没用"的物品，比如小马宝莉卡片、明星手办等。

家长担心孩子养成不良的偷窃习惯和错误的价值观。

错误行动

❌ 立即给孩子贴上"小偷"的标签，这种过激的反应会损害孩子的自尊心，引发更多的行为问题。

❌ 用体罚或其他严厉的惩罚来禁止这一行为，不仅不能帮助孩子意识到自己的错误，还让他们产生愤怒甚至报复的心理。

❌ 忽视孩子行为背后的动机和需求，只是简单地禁止他们购买任何东西，错失教育孩子树立正确价值观的机会。

原因剖析

1. 孩子缺乏对金钱的价值和家庭规则的认识，不理解偷拿钱的严重性。
2. 孩子无法抗拒某些物品的诱惑，但又不知道如何通过正确的途径获得。
3. 孩子希望通过购买某些物品来获得同伴的认可或满足自己的好奇心。
4. 孩子没有固定的零花钱，又羞于开口索要，或者被家长拒绝过。

正确示范

- ✓ 心平气和地与孩子沟通,重点表达对孩子的关心和对事情的关注,而非单纯的指责。问清楚孩子为何会有这样的举动,是少乏零花钱?还是想要的东西得不到满足?
- ✓ 与孩子一起制定家庭财务规定,比如设立零花钱制度,明确什么情况下可以获得额外的金钱。鼓励孩子为自己想要的东西设定储蓄目标,教他们如何通过节省、赚取等方式积累储蓄金,体验努力换取成果的过程。
- ✓ 设定明确的规则和后果,让孩子明白他们的行为会有什么后果,并鼓励他们对自己的行为负责。

行动原理

1. 通过对话和教育,可以帮助孩子理解他们的行为为什么是错误的,以及如何避免将来再犯。
2. 明确的规则和后果可以让孩子学会承担责任,理解行为与后果之间的联系。

场景 10　喜欢说不文明的网络用语

孩子在与朋友交流时,频繁使用不文明的网络用语。他们认为这些用语时髦或者有趣,但这种习惯会影响他们的日常交流,甚至会冒犯他人,影响社交关系。

错误行动

✗ 无视孩子的言行,认为这只是一时的流行,随着时间推移孩子自然会放弃这些用语。

✗ 反应激烈并严厉禁止孩子使用任何网络用语,这会引起孩子的反感,甚至强化他们的逆反心理。

✗ 在没有解释原因的情况下,简单地告诉孩子不要使用这些用语,结果却是孩子无法理解为什么这些用语是不恰当的,私下里还是会偷偷使用。

原因剖析

1. 孩子受到同龄人的影响,认为使用这些网络用语是一种被认同的社交方式。
2. 孩子缺乏对语言影响和社交礼仪的认识,不了解这些用语可能带来的负面影响。
3. 孩子在寻求注意力或者表达某种情绪,但缺乏更恰当的表达方式。

> **正确示范**

- ✓ 与孩子进行开放式的对话,讨论不同用语在不同社交场合的适宜性,以及它们可能对他人产生的影响。明确告知孩子哪些词汇是不可接受的,并解释为什么。强调使用不文明语言的危害,如伤害他人感情、降低个人形象等。
- ✓ 引导孩子思考和选择更为文明或有创意的表达方式,以替代不文明的网络用语。可以举例子说明优雅措辞的魅力,比如文学作品中的优美句子,或历史名人富有智慧的言辞。
- ✓ 关注孩子接触的信息源,如视频、游戏、社交媒体等,评估它们对孩子语言风格的影响。引导孩子筛选高质量的内容,避免负面模仿。

> **行动原理**

1. 开放的对话可以帮助孩子理解不同用语的社会含义,培养他们的社交意识和同理心。
2. 引导孩子选择更恰当的表达方式可以促进他们的语言能力和创造力的发展。
3. 找到问题出现的源头,可以避免孩子模仿。

第五章

好素养行动

01　做事三分钟热度

02　盲目攀比，很虚荣

03　没有兴趣爱好，只喜欢宅在家

04　不愿意交朋友

05　不会拒绝他人

06　遇到困难，立刻就放弃

07　计划做得不错，但难以开始行动

08　做事情没有章法，也没有计划

09　遇事不喜欢动脑

10　不敢接受挑战

本章的内容关系到一个孩子内在驱动力的大小。一个拥有充足内在驱动力的孩子，会主动热情地去做事，即使遇到困难也会积极寻求解决方法。通常表现为具有高成就动机、强烈进取心、充沛精力、对自己从事的活动坚持不懈，以及高度的主动性。

内在驱动力和外在驱动力有本质的区别。外在驱动力指通过来自外界的奖励和惩罚去推动一个人的行为，内在驱动力更多地来自人内部的满足感和成就感。例如，孩子在学习上的内在驱动力可能表现为对知识的渴望。如果家长能够给予孩子充分的学习自主权，让他们感受到学习的成就感，可以帮助激发他们的内在驱动力。

那么如何去激发孩子的内在驱动力呢？可以从以下几点进行：

一是家长要关注孩子的兴趣和热情，并给予尊重；

二是给孩子自主权，让孩子在学习、生活等方面拥有自主决定的权力；

三是多给予鼓励，孩子的成长过程中离不开家长的鼓励；

四是培养孩子解决问题的能力，而不是只关注结果；

五是避免过度使用外部动力，即物质奖励。

孩子是一个独立的、有思想的个体，在成长过程中需要家长的陪伴和引导，家长要避免事事亲为、包办代替。

场景 01 做事三分钟热度

> 孩子在开始一项新活动时充满热情，但很快这股热情就会消退，他们对事物的兴趣迅速转移，导致很多事情都半途而废。
>
> 这种三分钟热度的态度可能会影响孩子在学习和生活中的持久性和成就感。

错误行动

- ✘ 每当孩子放弃时就批评，直接打击孩子尝试新事物的积极性。
- ✘ 放任孩子随意改变兴趣，不引导他们学会坚持和投入，导致他们缺乏完成目标的满足感。
- ✘ 替孩子完成所有未做完的事情，让他们形成依赖性，体会不到坚持和努力带来的成就感。

原因剖析

1. 孩子对新事物的好奇心强，但缺乏长期坚持的耐心和毅力。
2. 孩子没有意识到坚持完成一项任务的重要性，或者缺乏看到长期成果的见识。
3. 孩子在面对挑战时容易感到沮丧，从而选择放弃并转而关注其他事物。

> **正确示范**

✓ 与孩子一起探索不同的活动和领域，寻找能真正吸引孩子、激发其内在热情的事物。当孩子对某事产生强烈兴趣时，往往更容易维持长期的投入。在他们热情减退时，家长及时提供支持和鼓励，帮助他们找到继续前进的动力。

✓ 与孩子一起设定可实现的短期和长期目标，每个小目标完成后，一起庆祝，这样可以增加孩子的成就感，激励他们继续前进。

✓ 设定每日或每周的例行活动时间，如每天阅读半小时、每周一次的艺术课等，让这些活动成为孩子生活的一部分，逐渐培养坚持的习惯，并逐步将这种坚持习惯迁移到其他方面。

> **行动原理**

1. 通过设定和庆祝目标，可以帮助孩子体验到坚持和努力的积极结果，增强他们的自信心和动力。
2. 在孩子热情减退时提供支持和鼓励，可以帮助他们学会在面对挑战时继续坚持，培养他们的毅力和韧性。
3. 从一件小事入手培养孩子坚持的习惯，再逐步扩大。

场景02　盲目攀比，很虚荣

孩子在与同龄人交往时，表现出明显的攀比心理。他们可能会过分关注物质方面，如衣服品牌、电子设备或玩具等，并以此来衡量自己或他人的价值。这种虚荣的心态可能会导致孩子忽视内在品质的发展，影响他们的人际关系和价值观。

错误行动

✘ 简单地批评孩子的虚荣心，而不引导他们理解物质和精神价值的区别，让孩子感到困惑和不被理解。

✘ 无条件地满足孩子的所有物质要求，以避免他们感到不如他人，加剧孩子的攀比心理。

✘ 忽视孩子攀比行为背后的需求，不与他们探讨更深层次的自我价值及其满足，导致孩子继续追求表面的认同。

原因剖析

1. 孩子受到周围环境的影响，认为拥有更多或更好的物质是成功和地位的象征。
2. 孩子缺乏自信，需要通过物质方面来获得同伴的认可和注意。
3. 孩子还没有形成独立的价值观，容易受到同伴的影响。

> 正确示范

- ✓ 与孩子进行深入的对话,探讨内在的价值和成功的含义,引导他们重视个人品质和成就。
- ✓ 鼓励孩子参与非物质性的活动,如志愿服务、学习新技能或艺术创作,以培养他们的内在兴趣,提升其满足感。
- ✓ 肯定孩子的独特之处和个人成就,不仅仅是学习成绩,还包括兴趣爱好、性格优点等方面,引导他们关注内在价值。

> 行动原理

1. 深入的对话可以帮助孩子理解物质和精神价值的区别,培养他们的批判性思维。
2. 参与非物质性的活动可以让孩子体验到成就感和满足感,不依赖物质拥有来获得认同。
3. 内在的充盈能让孩子摆脱虚荣。

场景 03　没有兴趣爱好，只喜欢宅在家

孩子在业余时间里没有表现出对特定活动或爱好的兴趣，他们更喜欢待在家里，花费大量时间在电子产品上，如看电视、玩游戏或上网。这种宅在家的行为会限制他们的社交机会，减少身体运动，影响他们的全面发展。

错误行动

- ✗ 粗暴地禁止孩子使用电子产品，而不提供其他有趣的活动选择，导致孩子更加无聊和不满，反而对电子产品的兴趣加大。
- ✗ 忽视孩子宅在家的行为，认为随着年龄的增长他们自然会找到兴趣，错过培养孩子兴趣和社交技能的关键时期。
- ✗ 强迫孩子参与家长认为有益的活动，而不顾及孩子的感受和兴趣，让孩子产生抵触情绪。

原因剖析

1. 孩子缺乏探索新活动的机会，或者在尝试新事物时遇到了挫折，导致他们不愿意尝试。
2. 孩子因为害羞或缺乏自信，而不愿意参与户外活动或社交活动。
3. 孩子没有意识到户外活动和社交活动对身心健康的重要性。

> **正确示范**

- ✓ 认真观察孩子，尝试找出他们潜在的兴趣点，可以从他们偶尔提到的话题入手，或是观察他们在闲暇时间自发进行的活动。
- ✓ 与孩子一起探索不同的活动，包括体育、音乐、美术、科学实验、烹饪等，给他们机会去尝试，以找到他们可能感兴趣的领域。
- ✓ 鼓励孩子参加社区活动或兴趣小组，让他们在安全的环境中结识新朋友和发展兴趣。
- ✓ 设定家庭活动时间，如每周一次的户外探险或家庭游戏夜，让孩子体验到非电子屏幕活动的乐趣。

> **行动原理**

1. 探索不同的活动可以帮助孩子发现他们潜在的兴趣和才能，增加他们的参与感和满足感。
2. 参加社区活动或兴趣小组可以让孩子在实践中学习社交技能，获得自信和友谊。
3. 家庭活动可以加强亲子关系，同时为孩子提供积极的娱乐选择，减少对电子产品的依赖。

场景 04　不愿意交朋友

> 孩子在学校或社区环境中表现出不愿意交朋友的倾向，他们更喜欢独自玩耍或学习，对参与集体活动或与人交往缺乏兴趣。这种独处的行为会导致孩子错过社交技能的发展机会，影响他们的人际关系和情感健康。

错误行动

- ❌ 强迫孩子参加社交活动，不考虑他们的感受和舒适度，加剧孩子的焦虑和抵触情绪。
- ❌ 忽视孩子的社交需求，任其自由发展，结果孩子无力改变现状，只能在孤独和被孤立中苦苦挣扎。
- ❌ 在没有了解孩子不愿意交友的原因的情况下，简单地将问题归咎于孩子的性格或能力。

原因剖析

1. 孩子因为害羞或缺乏自信，担心被拒绝或无法融入集体。
2. 孩子在过去的社交经历中遭受过挫折或负面体验，导致他们对交友感到犹豫。
3. 孩子还没有发展出足够的社交技能，不知道如何与人建立和维持友谊。

正确示范

- ✓ 主动与孩子交谈，耐心听他们表达不愿交友的原因。确保孩子知道你在乎他们的感受，不会评判或轻视他们的情绪。表达对孩子感到孤独或害怕的理解，告诉他们这些感觉是很正常的。
- ✓ 避免简单地说"你应该多出去玩"，而是要共情并提供实质性的支持。比如教他们基本的社交礼仪，如问候语、分享玩具、轮流说话等，以及如何识别和回应别人的非语言信号。还可以在家进行模拟情景练习，如商店购物、学校课堂等，帮助孩子练习社交对话，增加自信。
- ✓ 家长可以选择一些压力较小的情境，比如邀请一位熟悉的小朋友来家中做客，或者参加社区内的小组活动，让孩子逐渐适应集体环境。

行动原理

1. 开放的对话可以使孩子感到被理解和支持，减少他们的孤独感和焦虑。
2. 社交技能的培养可以帮助孩子在社交场合中感到更自信，提高他们的社交能力。
3. 尊重孩子的成长步伐，鼓励孩子尝试新事物，切忌强行将其置于尴尬或不舒服的环境中。

场景 05　不会拒绝他人

孩子在面对同伴或他人的请求时，往往难以说出"不"。他们会接受所有的邀请和要求，即使这些要求超出了他们的能力范围或与他们的意愿相悖。这种不懂得拒绝的心态会导致孩子感到压力过大，甚至可能被他人利用。

错误行动

❌ 简单地告诉孩子要学会说"不"，但没有教会他们如何婉转地表达拒绝，让孩子感到困惑和不安。

❌ 忽视孩子不懂得拒绝的问题，反认为这是孩子大方的品格，让孩子长期处于不利的社交情境中。

❌ 替孩子处理所有社交事务，不让他们有机会自己练习拒绝，妨碍孩子锻炼学习独立处理社交问题的能力。

原因剖析

1. 孩子缺乏自信，担心拒绝他人会失去朋友或他人的好感。
2. 孩子没有掌握有效的拒绝技巧，不知道如何在不伤害对方的情况下表达自己的立场。
3. 孩子对他人的期望和压力过于敏感，导致他们难以坚持自己的需求和界限。
4. 孩子在幼儿阶段（尤其是物权敏感期）被错误地教育要主动分享物品，并成为孩子的道德标准。
5. 当父母过于强势时，孩子往往有"讨好型"人格倾向，这样的人通常是以牺牲自己来讨好他人，不会拒绝他人的要求。

正确示范

- ✓ 与孩子讨论拒绝他人的重要性，解释为什么有时候需要说"不"，比如保护个人物品、防止陷入麻烦等。
- ✓ 教导孩子如何婉转而坚定地拒绝他人，例如"我现在不能借给你我的铅笔，因为我正在用它"。
- ✓ 在日常生活中，通过自身言行向孩子展示如何坚定而礼貌地拒绝。例如，在电话里婉拒不必要的推销。
- ✓ 指导孩子如何处理拒绝后可能产生的内疚或不安情绪，让他们明白有时为了自己的权益说"不"是正当的。
- ✓ 关注孩子的感受，把决定权还给孩子，当孩子尝试拒绝后，及时给予正面鼓励。
- ✓ 父母学会在孩子面前示弱，培养其独立性和自信心。

行动原理

1. 明确告诉孩子哪些行为是可以接受的，哪些是不可接受的，可以帮助孩子理解设定个人界限的价值，增强他们的自我意识。
2. 掌握拒绝技巧可以让孩子在保持社交和谐的同时，也能照顾到自己的需求和感受。
3. 家长在真实社交情境中的处理经验是孩子最好的教科书。

场景 06　遇到困难，立刻就放弃

孩子在遇到学习或生活中的挑战时，很容易感到沮丧，选择放弃或者迅速失去耐心并停止尝试。这种轻易放弃的态度会阻碍他们解决问题能力的发展和自我成长。

错误行动

- ✖ 立即接手帮助孩子解决问题，不给他们自己尝试和努力的机会，让孩子形成依赖性。
- ✖ 批评孩子的放弃行为，没有及时鼓励他们继续尝试，损害了他们的自尊心和自信心。
- ✖ 对孩子的困难轻描淡写，没有提供实际的帮助和支持，让孩子感到被忽视和无助。

原因剖析

1. 孩子缺乏解决问题的策略，不知道如何在遇到困难时继续前进。
2. 孩子对自己的能力缺乏信心，认为即使努力也无法成功。
3. 孩子没有经历从挑战中坚持并最终克服困难的过程，因此不了解坚持的价值。
4. 家长中有这样做事的人，孩子在潜移默化中习得，或者孩子在生活中缺少家人的支持。

> **正确示范**

- ✓ 与孩子一起分析讨论解决方案，设定小步骤的目标，增强他们的信心。
- ✓ 分享自己的经验，让孩子了解每个人都会遇到困难，关键是如何面对这些挑战。
- ✓ 更多地关注孩子在解决问题过程中的努力和进步，而不仅仅是最终的结果。
- ✓ 让孩子知道，无论结果如何，家人都会无条件地支持和爱护他们。这种安全感能够减轻孩子对失败的恐惧。
- ✓ 当孩子遇到困难时，引导他们思考是否有其他的解决办法，鼓励创新思维和灵活变通。
- ✓ 教会孩子如何管理和调整负面情绪，比如通过深呼吸、运动或与信任的人交流来缓解，避免逃避。

> **行动原理**

1. 关注努力，强调支持，能让孩子摆脱对失败的恐惧，聚焦于体验过程。
2. 分析和讨论困难可以帮助孩子理解问题的本质，学习如何主动寻找解决方案。
3. 孩子能跟负面情绪多相处一会，他在困难中坚持的时间就会长一些。

场景 07　计划做得不错，但难以开始行动

孩子在制定计划时表现得很有条理，能够详细地列出任务清单，然而，当需要将这些计划付诸实践时，孩子却常常犹豫不决，难以迈出第一步。这种纠结和犹豫会导致计划的延误甚至失败。

错误行动

- ✗ 简单地对孩子的拖延行为进行责备，而不探究背后的原因，让孩子感到更加沮丧和无助。
- ✗ 替孩子完成所有的准备工作，以确保计划能够顺利开始，让孩子形成依赖性，不会自我启动。
- ✗ 忽视孩子的心理障碍，只是一味地催促他们行动，加剧孩子的焦虑感，反而阻碍行动的开始。

原因剖析

1. 孩子因为对结果的过度担忧或害怕失败，而犹豫不决，难以开始行动。
2. 孩子缺乏将计划分解为可执行步骤的能力，导致他们在面对庞大的计划时感到不知所措。
3. 孩子没有养成自我激励和自我监督的习惯，因此在需要自我启动时感到困难。

正确示范

- ✓ 与孩子深入交流，了解原因才能对症下药。
- ✓ 设置更加具体、可行的小目标。比如，每天读几页书、每周完成一项乐器曲目练习，这样可以让任务看起来更加轻松，易于启动。
- ✓ 每当孩子达到一个小目标，就给予适当奖励，以激发持续前进的动力。奖励可以是额外的游戏时间或其他孩子期待的事情。
- ✓ 教育孩子认识到，完美的初步行动胜过毫无进展的完美计划。鼓励他们在实践中不断修正和完善计划。
- ✓ 通过定时器、日程表等工具，帮助孩子养成良好的时间管理和自律习惯。定期回顾进度，讨论遇到的挑战及解决方案，这有助于孩子建立对自己的责任感。
- ✓ 教给孩子自我激励的技巧，如正面自我对话、想象成功的场景等，帮助他们克服启动障碍。

行动原理

1. 有的才能放矢，找到问题的根本，我们才能帮助孩子。
2. 将计划分解为小步骤可以帮助孩子减少对大任务的恐惧感，使任务显得更加可管理和可达成。
3. 阶段性地获得正向反馈，能让孩子更有动力去执行。
4. 鼓励"先行动再完善"，能打消孩子的顾虑。

场景 08　做事情没有章法，也没有计划

无论是学习、做家务还是参与课外活动，孩子似乎总是即兴行动，没有事先的安排或制定策略。这种缺乏计划性的行为会导致孩子完成任务的效率低下，甚至错过重要的事情。

错误行动

- ❌ 对孩子的无计划行为进行严厉批评，却没有提供指导和帮助，结果打击了他们的积极性。
- ❌ 替孩子安排好一切，不让他们有机会自己学习如何制定计划，使孩子形成依赖性。
- ❌ 忽视孩子缺乏计划性的问题，认为他们长大后自然会改善，让孩子错失学习自我管理的重要机会。

原因剖析

1. 孩子没有意识到计划的重要性，不了解良好的计划对提高效率和成功的作用。
2. 孩子缺乏制定计划的技能和经验，不知道如何制定或如何执行计划。
3. 孩子容易分心，难以集中精力按照计划行动，导致计划的执行半途而废。
4. 家长中有人就是做事无计划性，潜移默化中影响到了孩子。

> **正确示范**

- ✓ 与孩子一起学习制定计划的基本方法，如使用日历、待办事项列表或时间管理工具。
- ✓ 为孩子的一天、一周甚至一个月的时间安排引入一定的结构框架。比如，固定的学习时间、玩耍时段和休息时长，逐渐让孩子适应规律的生活节奏。
- ✓ 设定一些简单的计划执行任务，如做完作业后及时整理书包或准备第二天的衣服，以帮助孩子建立计划和执行计划的习惯。
- ✓ 教育孩子识别并区分紧急与重要事务，学会优先处理最重要或最紧急的任务。这有助于孩子在纷繁复杂的活动中做出明智的选择。

> **行动原理**

1. 学习计划制定的方法可以帮助孩子理解计划的重要性，提高他们的组织能力。
2. 固定的行为模式能让孩子对时间有所规划。

场景 09　遇事不喜欢动脑

无论是学习上的难题还是生活中的小障碍，孩子似乎缺乏探索和解决问题的意愿。这种不愿意动脑的行为会影响他们的独立思考能力和问题解决技能的发展。

错误行动

- ✗ 立即为孩子提供答案或解决方案，不鼓励他们自己思考，让孩子形成依赖性和惰性。
- ✗ 因为孩子的不愿意动脑而感到沮丧，对他们进行责备或惩罚，打击他们的自信心和探索意愿。
- ✗ 忽视孩子不愿意动脑的问题，认为这只是他们懒惰的表现，而不是缺乏适当的思考和解决问题的技巧。

原因剖析

1. 孩子没有被教会如何有效地思考问题和探索解决方案。
2. 孩子在过去的尝试中遭遇了失败，导致他们对独立解决问题缺乏信心。
3. 孩子认为动脑思考是一件困难或无聊的事情，更愿意选择轻松或熟悉的方式应对问题。

> **正确示范**

- ✓ 设计一些需要思考的情境游戏或谜题,鼓励孩子参与其中,通过解谜来享受动脑的乐趣。
- ✓ 鼓励孩子提出问题,无论这些问题有多么简单或"愚蠢"。通过回答问题和讨论,孩子会意识到思考的价值,从而慢慢养成独立思考的习惯。
- ✓ 提供丰富的课外读物、科学实验套件、艺术创作材料等,让孩子接触不同的领域,促进多元智能的发展。
- ✓ 与孩子一起设定一些稍微超出当前水平的目标,鼓励他们通过努力和思考去达成。成功后的成就感会极大增强孩子的自信心和思考动力。
- ✓ 通过日常对话,训练孩子质疑和分析事物的能力。问一些开放式问题,比如"为什么?""如果是另一种情况会怎么样?"等,促使孩子深入思考。

> **行动原理**

1. 提问和引导可以激发孩子的好奇心和探索欲,鼓励他们主动思考和尝试。
2. 提供解决问题的工具和技巧可以帮助孩子建立自信,让他们感到解决问题是一件可行且有趣的事情。
3. 在游戏和趣味活动中练习思考和解决问题,可以让孩子在享受过程的同时,提高思考和创造能力。

场景 10　不敢接受挑战

孩子在面对新的挑战或困难任务时，常常感到害怕或不自信，他们可能会回避这些情况，选择不参与或提前放弃。

这种逃避挑战的行为会阻碍他们的成长和学习新技能。

错误行动

- ✗ 强迫孩子参与挑战，不顾他们的感受和准备情况，反而增加孩子的焦虑和抵触情绪。
- ✗ 因为孩子的回避行为而责备或嘲笑他们，损害他们的自尊心和自信心。
- ✗ 完全不向孩子提出挑战，以免他们感到不舒服，结果让孩子错失成长和学习的机会。

原因剖析

1. 孩子因为过去失败的经历而对挑战感到恐惧，害怕再次失败。
2. 孩子缺乏能够应对挑战的信心和技能，不知道如何开始或如何应对困难。
3. 孩子对挑战的结果有过高的期望，担心达不到预期而选择回避。

正确示范

✓ 与孩子进行开放、真诚的沟通，了解他们为何感到害怕或不安。表达出你的理解和支持，让孩子知道他们的感受是正常的，并不是弱点的表现。并让孩子明白，在尝试的过程中，即使失败也不会受到惩罚，而是一次很好的学习机会。

✓ 有时，孩子之所以避免挑战是因为觉得自己不具备应对的能力。在这种情况下，可以通过专业的训练或辅导来提高孩子的相关技能，从而增强面对挑战的信心。

✓ 讲述历史人物、文学作品中的人物或现实生活中的英雄如何面对并克服困难的故事。这些例子能激发孩子的勇气，让他们相信自己也有能力做到。

行动原理

1. 为孩子提供一个情感上的安全网，让孩子知道家永远是最坚强的后盾，孩子就有了挑战的底气。
2. 理解和支持可以给予孩子挑战的勇气。
3. 树立榜样可以让孩子看到挑战是成长的一部分，激励他们勇于接受挑战，培养解决问题的能力。